In Books, We Trust.

創新轉動臺灣生技的奇蹟

北醫藥學系締造全球生技千億商機的故事

方含識、謝其濬　著

字畝

推薦序

心有多寬，世界就有多大；破除藩籬，勇敢創新築夢

繼 ICT 資通訊產業之後，生技及 AI 人工智能產業被視為帶領臺灣經濟成長的最大動能，發展至今近二十年的生技產業基礎深厚，市值衝破兆元，儼然有明星產業之姿，更被寄予厚望。臺灣兆元生技產業中，臺北醫學大學藥學系畢業校友經營的就占兩千一百億元，可說舉足輕重，「北醫幫」之名不逕而走。

臺北醫學大學將多位在生技製藥產業發光發熱畢業校友的故事整理出來，結集成書，既留下他（她）們寶貴的創業經驗，同時也提供年輕人參考，實屬美事一件。我是臺北醫學大學藥學系第六屆校友，和被寫進本書的十五位主角都有淵源，像台灣泰福董事長趙宇天和傑奎科技董事長劉宏志都是高我兩屆的學長，台灣醣聯董事長張東玄高我一屆；至於南光製藥總經理王玉杯、王文甫、林智暉、蕭英鈞及章修綱、章修績兩兄弟等人，則都是我的學弟妹，看著他（她）們如此卓越的表現，我與有榮焉。

成功，不是一朝一夕可成，風光背後往往有不為人知的辛苦打拚，以及過人一等的恢弘視野。趙宇天就一再強調心有多寬，舞台有多大，建議年輕人要抱持開放的視野與胸襟，勇敢走出

去。劉宏志和多位班上同學合組班友集團，秉持彼此尊重、互相包容的心胸，一起打拚事業，終於各有所成。張東玄在校時相當活躍，參加過足球隊、橄欖球隊、柔道社、畫社及合唱團等多個社團，從中學習團隊合作的重要性，並萃取出事業成功的基因。

王玉杯畢業後即嫁為人妻，接下夫家經營的藥廠總經理一職，她憑著專業才華及敬業的工作態度，加上豐富閱歷和敏銳的市場觀察力，讓那家南部本土藥廠脫胎換骨，更上層樓。王文甫則是另一個有趣的故事，從藥品貿易、藥廠主管到成立臺灣第一個連鎖藥局品牌，豐富的職場經驗，已夠稱奇，行有餘力之餘，他還關心地方公共事務，當了近三十年的里長伯，甚至打造臺北市第一個社區型生態公園，引領風潮，更叫人驚艷。

此外，林智暉、蕭英鈞、章修綱、章修績、李芳全、黃逸斌、侯靜蘭、邱建誌、林銅祿及吳碧芬等人也分別在各個領域闖出一片天，一起為臺灣生技製藥產業開創出更具前瞻性的未來。他（她）們的故事，有喜有悲，有歡笑也有淚水，全都收錄在《創新，轉動臺灣生技的奇蹟》這本書裡，值得細細品味，一讀再讀。

臺北醫學大學董事長　張文昌

推薦序

北醫，打造臺灣生技人才的搖籃

歷經一九八〇年代以製造、代工為主的經濟體質，生技醫藥產業同步也在面臨挑戰中，持續穩健發展，近年在找尋下一代臺灣經濟成長動能與方向時，生醫已然成為變革重點的關鍵字。

這三十多年來的發展，我們看見，唯有帶著創新精神的產業思維，打破框架與規範，勇於突破重圍，才足以面對變化快速的全球市場。「創新精神」有時候不一定是跟著主流，代表的是一種勇敢跨界、積極開創新局面的視野和決心。

臺北醫學大學自創校以來，歷經整合、轉型的階段，一路走來，打造出一個為醫藥領域養成創新型領袖人才的教育環境，讓所有從這裡畢業的校友，培養出廣泛的視野、興趣，更重要的是，不畏懼挫折的態度，還有用創新，讓專業能力拓展出更多元回饋與關懷社會的面向。

來自臺北醫學大學藥學系，收錄在這本《創新，轉動臺灣生技的奇蹟：北醫藥學系締造全球生技千億商機的故事》書中的十五名企業家，是推動整體生技醫藥產業起飛的英雄，代表著十五個用創新跨出專業領域，開啟人生和職涯新篇章的代表故事。

這群企業家校友們，在專業上的投入與專注，面對困境時渴望突破的態度，以及持續從不同挑戰中汲取智慧的歷練，是帶動整體生技醫療產業開創出新的格局，走出臺灣，迎向世界的關鍵因素。

在這個講求創新與變革的世代，我衷心期盼年輕讀者，或是希望在事業上開疆闢土、走出創新之路的企業主都能閱讀此書，從這些領導人的生命經驗和創新思維當中，習得一份寶貴的功課。

未來臺灣在走向全球市場的同時，或許面臨更嚴峻的環境與挑戰，這樣創新的能力，能夠帶領整體產業，如走出埃及、跨過紅海般，經歷奇蹟，看見更好的未來。

臺北醫學大學董事　李祖德

推薦序

臺灣生技的領航者

臺北醫學大學藥學系創立於一九六〇年六月，如今與北醫已一起走過半個多世紀；身為北醫創校之初僅有的三個學系之一，藥學系與醫學系、牙醫學系共同見證北醫篳路藍縷，從草創、奠基、成長、茁壯，到現在擁有一校五院的宏觀規模，實屬不易。

撫今追昔，經歷五十七年的淬鍊，藥學系已發展成為藥學院，包括藥學系學士班（四年制一般藥學組、六年制臨床藥學組）、藥學系碩士班、臨床藥學碩士在職專班、藥學系博士班、生藥學研究所、臨床藥物基因體暨蛋白質體學碩士學位學程、中草藥臨床藥物研發博士學位學程、生技製藥產學碩士專班、生技醫療產業研發博士學位學程，在國內外藥學領域，享有盛譽。

本人是北醫藥學系第二十六屆校友。一九九七年返回母校北醫服務，二十年來與北醫一起成長，躬逢其盛，見證藥學系與藥學院的成長蛻變，創新突破，一步一腳印，紮下深厚的教學、研發與臨床服務基礎，在臺灣藥學界引領風騷，更與全球生技產業接軌。

北醫藥學系成立以來，至今已培養一萬一千多名校友，遍布海內外，默默奉獻，服務社會，領袖群倫。這本《創新，轉動臺灣生技的奇蹟》專書，正是北醫藥學系歷年以來，創業有成的完整呈現，透過書中描繪的十五位藥學領域傑出創業家，他們成長歷程與奮鬥史，展現一股沉著穩健的特質，與北醫「誠樸」校訓的力行實踐遙相呼應，充分反映母校北醫教育的核心理念。

自由、活潑、開明的學風，讓大家揮灑自如，一直是北醫引以為傲的特質，更是校友們踏出校門後仍堅持不懈、奮勇向前的精神。如今，校友們秉持這些特質及精神，不但成就自我，也成就母校，讓北醫所有教職員生均以他們為榮。

北醫培養的藥學人才，除了領導臺灣藥學教育與藥學政策與制度外，更在全球生醫科技、轉譯醫學、新藥研發與癌症診治等領域成就非凡。

在這個高度重視求新求變、資源整合、人工智慧與運用大數據的年代，北醫藥學人才展現寬大的格局，恢宏的氣度，國際的視野，開拓的精神，在藥學產業領域闖出一片天，令人驚喜、讚嘆。

誠心期盼即將踏入社會，或是已經在業界奮鬥的年輕後輩，都能藉由這本書，學習這些創業有成的藥學先進，以他們的智慧與勇氣為榜樣，在迎向更美好的未來之際，獲得啟發與力量，成為帶領臺灣繼續往前走的領航者。

臺北醫學大學校長　林建煌

推薦序

臺灣醫藥產業的搖籃——北醫藥學・作育菁莪

臺灣的醫療成果是全球有目共睹，除了優秀的醫療人員、完善的制度，半世紀以來醫藥產業的發展功不可沒；同時我國政府三十年來致力投注生技醫療產業發展，細究其背後的原動力，不僅僅是國際大勢所趨，更重要的是，臺灣生技醫療產業在眾多優秀人才的積極耕耘之下，已累積厚實實力，具備穩固的發展基礎，從而有能力與先進國家在國際舞台競合。

吾長期參與臺灣生技醫療產業發展的過程中，觀察到一個現象：產業創新發想總是源源不絕自北醫！詢問技轉而創業人士頗多源於北醫！在深入了解醫藥人後更發現，在臺灣眾多優秀的生技醫療人才中，有一群人，他們雖然來自四面八方，背景迥異；有的是創業家、大教授、政府官員、有的是國際知名研究學者；或活躍於國際舞台再回國奉獻所長，或在國內長期耕耘。他們彼此之間的發展際遇、擅長領域多不相同，但卻在求學背景上有一致的共通點：他們都曾經受教於「臺北醫學大學藥學系」，彷彿個個擁有埋藏在靈魂深處對醫藥的熱血與創業的基因。

藥學系為一九六〇年北醫創校的三個學系之一，一路成長茁壯，二〇〇〇年臺北醫學院改制為臺北醫學大學，藥學系升格為藥學院；為臺灣作育無數製藥產業英才，其中不乏聞名於國內外生技醫療領域的典範人物。本書所訪談北醫傑出醫藥人，各個令人敬仰尊崇，足以彰顯北醫藥學在醫藥界的非凡影響力。

《創新，轉動臺灣生技的奇蹟：北醫藥學系締造全球生技千億商機的故事》乙書，透過實地訪談，撰文分享十五位北醫藥學系校友的故事，其中有諸多成功個案，更不乏勇敢面對人生挫折之經驗談。讓我們得以窺見這些雄霸一方的生技醫療產業領袖，如何以謙卑之心，邁上成功之路，以及對臺灣藥業的使命感、互助合作的情誼、領導創新的智慧，與不怕挑戰的勇氣，是相當難得的寶貴之作。做為一個長期關注臺灣生技醫療產業發展、伴隨產業一路成長的專業人士，很樂意向您推薦這本書，細細品味北醫傑出菁英的故事，就像回味臺灣生技醫藥產業從篳路藍縷邁向國際市場的脈絡與精髓。

資誠聯合會計師事務所副所長　曾惠瑾

序

Chapter 1

低谷中尋思創意

創業動機永遠是最重要的，
它將在你陷入泥沼時回歸初衷、支撐你向前。

Chapter 2

成功的互助共商

成功並非單打獨鬥，一場談話、一次短暫相聚，都可能成為扭轉人生的創業關鍵。

Chapter 3

革命式的創新

革命式創新指的是提供新產品或新服務，
進而帶動消費行為的改變。

Chapter 4

前景無限可能

現代李時珍、創投天使、藥局零售業天王、生技公司CEO，他們全都來自擁有寬廣學習天地的藥學系。

Chapter 1

低谷中尋思創意

從自己的願景到公司的願景，找出最初讓你一生懸命的創業動機，這個起頭，永遠是最重要的，因為它將在你陷入泥沼時回歸初衷，並支撐你曲直向前。

攝影／林衍億

以藥廠當武器　讓臺灣製藥產業揚眉吐氣

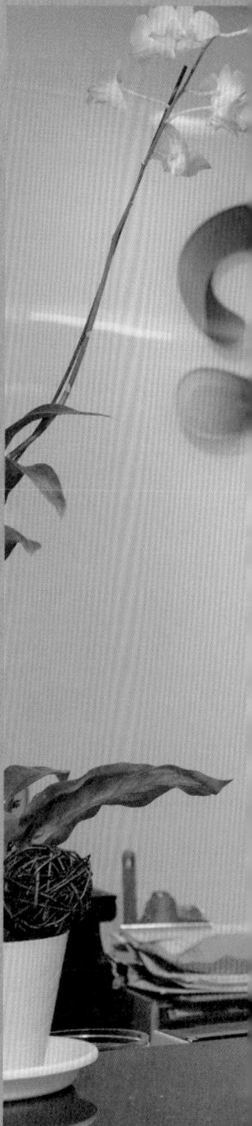

健喬信元醫藥生技股份有限公司董事長　林智暉

受到父親影響投入圍棋學習的林智暉，也將圍棋的布局之道，發揮應用於事業，憑藉著預見趨勢、步步為營、舉棋若定的決心及毅力，從藥貿起家，以建立國內藥業國際競爭力為理念、「決戰在海外，決勝在工廠」為策略，透過持續收購藥廠與通路，整合國內同業資源，邁向國際市場，創造臺灣製藥產業價值。

撰文／謝其濬

走進健喬信元醫藥生技公司辦公室，天花板垂下多幅標語，其中最醒目的，就是「決戰在海外，決勝在工廠」。

健喬集團目前有八個廠，分別是設有發泡劑型的健喬廠、光復廠二廠；已取得韓國境外查廠的性荷爾蒙獨立專門廠；將轉型為全方位荷爾蒙專門廠的信元廠；顆粒劑型的優良廠以及甫啟用之國內唯一MDI（定量噴霧劑）及DPI（乾粉吸入劑）的益得廠；定位於液劑及軟乳膏專門廠的健康廠；專精於原料藥的七星廠。董事長林智暉靠著五大技術平台，成功地將商品打進日本、香港、東南亞（包括新加坡、馬來西亞等七個國家）及中南美洲各國，可以說是製藥界「立足臺灣、放眼天下」的典範。

人生如棋，林智暉舉棋沈著，一盤棋六小時不起身是常事，沉浸於黑子與白子的進退攻守間。他認為，下圍棋，首重布局，以大局為重，化被動為主動，將危機轉化契機，林智暉也將圍棋佈局的思維哲學延伸至事業經營上，這也正呼應其撰寫之健喬箴言——是一隻永遠警醒的小獅，不斷的創造新目標、新希望，有一套使夢想成真的套裝能力。

以蘭花君子形容林智暉，再貼切不過。林智暉的日常透過「觀花觀棋」，從圍

攝影／林衍億

棋、養蘭、至事業，從來不挑簡單的事情做，「我的個性，就是喜歡挑戰困難的事情。」他笑道，談起這樣的特質，需回顧就讀北醫大時期的他⋯⋯。

經營企業就像下圍棋，布局為要，大局為重，化被動為主動，危機即契機。

下圍棋是訓練思考的好方法

一九五〇年出生的林智暉，父親和舅舅都到日本念過藥學，父親開過藥局，也曾任藥廠業務，可說林智暉與藥業淵源頗深。

身為家中的老么，林智暉自幼很會念書，備受家人的寵愛。其實家裡只算是小康，但是在念小學時，家裡就會讓我帶著用保溫壺裝著熱巧克力或是蘋果讓他帶著上學。林智暉回憶道。

從小看著喜歡下圍棋的父親，林智暉讀初中時開始跟隨學習，「圍棋深奧、千變萬化」一談到圍棋，林智暉的眼睛一亮，說道：「一手棋可以有二、三十種下法，是訓練思考很好的方式。」

高中念的是建中，父親期待他未來能從醫，但林智暉覺得醫學系一念就是七年，實在太久，心想若是進入醫學院就讀，應該也算是對父親的一種交代，所以在填志願時，特意把藥學系填在很前面，最後也順利地考取北醫大的藥學系，對父親來說，也算是如願以償。

回想就讀建中期間，因為校風開放，加上班上又有一群愛玩又會念書的天才型學生，林智暉跟著同學一起玩，對課業不是很用心，進入北醫大藥學系後，仍不改作風，大多數時間都在下圍棋、打彈子，成績一度岌岌可危，這才警覺並認真思考如何才能順利完成年度學分。

自修習的科目中，選定了顏焜熒老師的「植物化學」為目標，細算期中考試分數是四十七分，這也意味著，期末考必須拿下七十三分，成績才能及格。林智暉透露，因為顏老師的考試是採倒扣制，要拿高分很不容易，而他刻意選擇這一科，作為「二一」最後的防線。

為了準備考試，林智暉火力全開，最終拿到八十七分，不但達成目標，而且還是全班最高分。由於這次經驗，發現了自己喜歡選擇挑戰困難的事，而且意志力很強，只要設定目標，就會全力以赴。

照片提供 / fsbraun

立志開創臺灣藥業新價值

大學畢業後，班上有將近一半的同學都出國深造，林智暉原本也做此打算，經過深思熟慮之後，還是決定留在臺灣打拚。

林智暉直言，北醫大藥學系的授課，比較傾向臨床藥學，因此大三暑假的實習，學校的安排就是藥廠和醫院各實習一個月的時間，但是他個人對藥廠比較有興趣，因此努力地爭取兩個月都到藥廠實習。

臺灣過去的製藥業風評並不好，在經過外商藥廠二個月的實習後，林智暉便下定決心，未來一定要為臺灣的製藥產業做點事情，留下根基。這樣根深柢固的信念，成為驅使他日後建置國內特色製藥廠的關鍵因子。

林智暉的第一份工作是外商藥廠普強，百人中僅錄取七名，能考進去著實不易。他在普強約三年的時間，第一年因為業績還算不錯，公司曾經招待他去香港旅遊。然而，林智暉卻自認未具備很好的業務特質，即便曾在原本只能做幾萬塊的負責區域，做了十幾萬業績的表現，本應趁勝追擊的他，卻主動要求換區。

「我不是喜歡交際應酬的人」，林智暉坦言：「做到十幾萬的業績，已經是我的極限了。」由於受限於自己的個性，不管再怎麼努力，頂多只能當上業務主任，

攝影／林衍億

於是他開始思考轉換，基於自我體認，從代理國外的藥品做起，朝向自己創業的路前進。

創業維艱，第七年漸露曙光

一九八〇年，健喬藥品公司成立，當年林智暉才三十歲，可以說是躊躇滿志，其實，噩夢才剛開始，林智暉苦笑道。

因為創業需要借貸資金，而當時是高利率年代，林智暉要付的利息是從兩分利起跳，所謂兩分利，就是每個月百分之二，一年就要百分之二十四。因為龐大的利息，公司成立前六年，一直處於虧損狀態，真是創業維艱。

「當時即使財務壓力那麼大，每月一日應支付的利息，我從來沒有遲過。」林智暉強調，正因為信守承諾，曾經有位年長的債權人，有一天上門拜訪，林智暉原以為對方要拿資金回去，豈料老先生非但沒有要求還錢，反而主動再拿出五十萬借給林智暉，並對於他的認真和投入表示完全信任和肯定，雪中送炭的慷慨，讓林智暉很感動，此時的林智暉已在業界建立起信用良好的形象。

靠著旗下兩款熱銷的明星藥品，健喬邁入第七年，終於轉虧為盈。

其中有一款藥品，銷售呈現一路上揚，其實背後有一段小插曲。

林智暉透露，過去出國不像現在那麼普遍，有一次他到香港出差，買了一個在當時算是特別的電動玩具回來送給一位醫師，對方相當高興，因為他的兒子正吵著要這款電動玩具，林智暉這份禮送得恰得其時，對方後來認為林智暉對事要求、對人知情知理，是值得合作的廠商，於是大量進藥，有了這樣重要的客源，因此也帶動了其他客源的採用，讓該款藥品成為健喬的金雞母。

從「藥貿」轉型為「製藥」

在圍棋界奉為金科玉律的「圍棋十訣」中，有所謂的「棄子爭先」和「捨小就大」，指的就是要從大處著眼，不受眼前的小贏小輸所影響。

一九八七年起，做藥品代理起家的健喬，營收由黑翻紅後，就一直維持著穩健獲利，但是林智暉並沒有因此滿足，反而積極布局，在一九九二年買下了信元藥廠。

林智暉解釋，當年會將公司從「藥貿」轉型為「製藥」，主要有兩個原因：第一，在一九八〇年中期，企業吹起了併購風，就算健喬手上握有明星商品，一旦原廠遭到併購，代理權被收回，一切心血都會化為烏有，因此他必須從長計議，為健喬的下一個階段先做規畫；第二，他就讀北醫大時曾經立志，未來要有自己的藥廠、實

主動出擊與無畏前阻，是成功最大秘訣。

驗室、研發中心，還要有新藥，即使林智暉自己都認為這是「impossible dream」，但他仍舊抱持「只求耕耘、不求收穫」的態度，勇敢去追夢。

當初買信元藥廠時，林智暉一開始是與該廠原持有股東共同持有股份，健喬持股五十一，對方持股四十九，時任總經理的林智暉先生，對於對方要求要再加派副總進駐一事表示不贊同，因此對方提出要他買下全部股權的要求，而這無疑是相當大的財務壓力。剛持股百分之五十一期間，對於信元藥廠同仁來說，林智暉是空降的領導者，他每天早上八點先到位於新竹的信元藥廠上班，下午一點半再趕回臺北的健喬。同仁們對於這位總經理的認識，來自於林智暉不斷的溝通及謙虛的態度，他贏得了信元藥廠員工的認同。

當年他砸下大筆資金買下信元藥廠，曾有藥貿同業笑他，放著輕鬆錢不賺，沒事買藥廠給自己找麻煩，反觀今日，很多藥貿公司都不在了，而健喬信元仍持續經營且年年成長，林智暉慶幸自己當年做了正確的決定。

另外一個例子也見識到林智暉「捨小就大」的魄力。在銷售端，健喬原本是採經銷商模式，雖然不必負擔人事成本，但也較不易掌握主導權，因此林智暉為了公司長久的發展，下定決心建立自己的銷售團隊，也因為這個決策，造成公司一度出現虧損，然而自從健喬信元培養了自己的業務尖兵，也讓林智暉在業務版圖的拓展上，更可以放手一搏。

購買外商藥廠，讓技術和人才根留臺灣

一九八〇年代吹起企業併購風，二〇〇〇年後不少國際藥廠為西進中國市場，開始進行亞洲區域的生產基地移動布局，形成臺灣廠相繼出售現象，也因此讓林智暉決心轉型，健喬信元二〇〇五年買下了德國第一大藥廠百靈佳在臺子廠，自始跨足研發，並拓展國際市場及代工，建構堅實的競爭力。

那段時期，臺灣科技業正蓬勃發展，很多藥廠都是賣給科技業，當時的百靈佳也正打算這樣做，但是林智暉認為，百靈佳是德國第一大藥廠，賣給科技業實在可惜，若能取得該廠，讓技術和人才可以繼續留在臺灣生根，這對臺灣藥業的發展是很重要的關鍵。

百靈佳新竹廠原本以生產錠劑、液劑及定

照片提供／林智暉

量噴霧吸入劑為主，健喬接手後更名為「健喬廠」，該廠成為健喬信元的國際代工廠，回顧健喬廠所創造的產值來看，林智暉直呼這真是很成功的併購案，在無形及有形方面，都是很正確的一項決策。

以健喬廠為始，林智暉後來再購入美國禮來製藥的廠房（現為優良廠），以及瑞士諾華製藥的廠房（現為益得廠），旗下藥廠均具備專門技術，策略性的定位發展，使健喬信元建置完整的藥品自製、代理、ODM（委託開發）及OEM（委託製造代工）等系統，並進而開展新藥研發，朝向林智暉的「impossible dream」目標邁進。

健喬廠當時是臺灣唯一生產CFC MDI（氟氯烴定量噴霧吸入器）的工廠，做為推進劑的CFC因會破壞臭氧層，隨著全球環保意識抬頭及國際規範愈趨嚴格等因素，依規二〇〇七年起應予停用，改採以HFA（氫氟烷推進劑）為替代，而更換推進劑形同是新處方開發研究，健喬信元自二〇〇六年啟動研究，投入HFA MDI（氫氟烷定量噴霧吸入器）的研發，進而成立了子公司益得生技，目前製程方法已取得臺灣、美國、日本、韓國、新加坡等多國專利，其中一項藥品已進入了人體實驗的第三階段，其他品項已有上市或陸續已和國內外藥廠簽訂合作協議。

為下一個二十年打基礎

從藥貿起家、有計畫地收購藥廠，從學名藥製造到新藥開發，布局及決策依循著林智暉的預見趨勢、步步為營的本事。健喬箴言中所言：「一向高瞻遠矚、洞燭先機，具有看見未來有任何演變並採取必要思維的能力。」即可見其過人的才智。

為了大局著想，「棄子爭先」或「捨小就大」就在所難免。林智暉透露，健喬信元雖然年年營收成長，獲利卻沒有大幅增加的表現，主要的原因在於著眼企業永續發展，每年依計劃大量投資於研發和建設，而這正是「為了健喬信元下一個二十年打基礎」。

林智暉回憶，當年他念大學時，臺灣生產的藥品常被嘲諷「怎樣吃，就怎麼出來（表示都沒效果）」，多年來經由包括健喬信元在內的國內藥廠努力下，均已取得**TFDA**查核符合國際醫藥品稽查協約組織優良製造

信用，是經營之道與職場通行證。

規範（PIC/S GMP），證明臺灣的製藥產業大有可為。因此，他鼓勵藥學系的學弟妹未來踏入職涯時，可以多元嘗試，在臨床藥學之外，製藥產業也是一項很好的選擇。

「製藥產業非常重要，」林智暉語重心長地說，「只有精良的製藥實力作為後盾，臺灣醫藥的創新研發，才會有突破的契機。」

攝影／林衍億

《從 A 到 A+》

Jim Collins

推薦原因|

對於從事領導工作的我，有很多啟發，特別是書中描述「第五級領導人」兼具謙虛個性和專業堅持的特質，更是深得我心。

內容簡介|

企管書的經典之作，探討企業從優秀到卓越的轉變過程，以及如何讓已經表現優異的企業，持續展現出類拔萃的績效。

林智暉的書房祕境

攝影／黃鼎翔

從挫折中找到力量 一躍成特色藥高手

法德生技藥品股份有限公司董事長 黃逸斌

走過求學時代的挫折，黃逸斌赴美留學時，投入「藥物控釋製劑」的研究，抱著雄心壯志要創業，卻遭潑冷水，好不容易創業成功，與美國大廠合作開發新藥，身價翻倍，卻又選擇出走，另起爐灶，雖然人生充滿了挫折，但是黃逸斌仍然積極朝夢想前進。

撰文／謝其濬

不同於生技公司多位於內湖、汐止的生技園區，法德生技位於中和的連城路上，由一群口服固體緩控釋製劑產品的專業開發團隊所組成，主要從事特殊利基型學名藥的研發。

創辦法德的黃逸斌，獲媒體封為特色藥的高手。戴著眼鏡，髮色微微灰白，給人一種「古意」的感覺。

出身北醫大藥學系的他，留美專攻工業藥學，回臺後進入藥技中心服務，幾年後創業成立英伯士，幫國內許多藥廠設計、開發產品，前後設計出一百多個特色藥。

黃逸斌曾經和有「生技圈四大天王」之稱的安成藥業董事長陳志明博士合作，搶美國抗憂鬱症學名藥商機，打了漂亮的一仗，雙方後來進一步結盟，英伯士藉由交換持股與安成合併。不過，黃逸斌後來離開安成，另起爐灶，創立了法德，開啟了臺灣特色學名藥廠的另一個新篇章。

看似順遂的創業之路，箇中其實隱含著黃逸斌摸著石頭過河的心路歷程。「我沒有成功的故事可說，但是有很多挫折的經驗可以分享。」他謙虛地說。

攝影／黃鼎翔

前輩成功的案例，
是「有為者亦如是」者的衝勁與借鑑。

聯考失利的挫折

黃逸斌人生最早的挫折，來自於聯考成績不理想。

五年級前段班的黃逸斌，是土生土長的臺北小孩。父母分別畢業於臺大國貿系、成大會統系，紡織事業做得有聲有色，對於在家排行老大的黃逸斌，有不少期待。黃逸斌說：「他們就是希望我未來能當醫師，不然就是當律師，總之就要是個『師』字輩。」

黃逸斌初中念延平中學，成績還不錯，結果聯考成績出來，很多同學都考上了第一志願建中，黃逸斌只考到第三志願成功高中，讓他大受打擊。

面對聯考失利，黃逸斌覺得有負父母的期待，內心十分苦悶。可能是為了翻轉挫折感，就讀高一時，他一度積極參加補習，總共補了七科，甚至找了一位建中老師補習生物，不過熱度只維持了一年，升上高二後，漸漸又恢復了平常心。

考大學聯考時，第一次沒考好，黃逸斌重考一年，考上了北醫藥學系。雖然沒能進入醫學系，但是黃逸斌決定放過自己，即使後來班上有不少同學轉系、重考大學，他也不為所動，平平順順地念完了藥學系。

黃逸斌形容自己的學生時代，就是懵懵懂懂，沒有特別的興趣，就讀北醫大時，也是個很平凡的大學生，不是非常用功，但是靠著「筆記組」的幫助，成績還過得去；喜歡打球、參加舞會、聯誼，但是沒有參加社團，對於未來也沒有太積極的想法，即使到了大四，不論是考藥師執照或預官，都是興趣缺缺。

畢業後在臺中國軍八〇三總醫院服役時，黃逸斌就後悔了。同樣是藥學系出身，考上預官的就在藥局當軍官，可以正常上下班，有自己的宿舍，而二等兵的他，則在醫院勤務隊工作，負責醫院一切雜務，菜鳥時期還得忍受學長的霸凌。

黃逸斌坦言，過往都被家裡保護得太好，軍中生活讓他見識了社會的現實面，可以說是「轉大人」的生命洗禮。

出國留學找到研究的熱情

出國留學，是黃逸斌人生一大轉捩點。

「其實，我是被逼著出國。」他笑道。退伍之後，因為女友要赴美念書，他不得不跟著同行，兩人一起在紐約的聖若望大學（St. John's University）攻讀工業藥學，從此點燃了做研究的熱情，經常埋首實驗室做實驗。

黃逸斌在美國學到的是藥物控釋製劑設計（Controlled- Release Dosage Form），簡言之，就是透過製劑的技術，讓藥效可以恆定速度持續釋放，原本一天需要服三次藥的病人，可以改為服用一次，降低漏藥的機率，而且血藥濃度平穩，有利於治療和減少藥物不良反應。

大學時代對於念書不甚積極的他，為何到美國留學後，態度有了一百八十度的轉變？黃逸斌解釋，美國製藥產業發達，在當地容易獲得第一手資訊，同儕之間也會不時談到某某學長、學姊在哪個藥廠工作，無形之中，學習的心態就會受到影響。加上碩士班第二年，為了找題目做論文，會跟教授、學長、學姊討論，慢慢地產生了興趣，覺得這是值得發展的方向。

當年，黃逸斌在美國攻讀工業藥學，可以說適逢其時。一九八四年美國通過了 **Hatch-Waxman** 法案，鼓勵學名藥可以盡早上市，而且只要能夠成功挑戰原廠藥的專利，第一個申請上市的學名藥可以獲得一八〇天市場專屬權的保護。

相較於原廠藥的成分專利，挑戰劑型專利較有成功機會，臺籍學名廠創辦人蕭俊雄博士、陳志明博士靠著藥物控釋製劑的技術，先後在美國學名藥市場有所斬獲，只要能搶到率先上市商機，身價立刻水漲船高。有了前輩成功的例子，給予黃逸斌「有為者亦如是」的衝勁，念完碩士班後，他就迫不及待想要創業。

創業募資被潑冷水

黃逸斌在美國時，曾聽到風聲，臺灣未來在學名藥方面的法令也會鬆綁，於是他跟同學討論，計畫在美國成立實驗室，做臺灣市場的生意。

創業的第一步，當然就是募資，黃逸斌就找父親和岳父幫忙，岳父很慷慨，提供五百萬的資金，但是父親對他的創業夢卻抱持疑慮，要他先去請教幾位藥廠的長輩。黃逸斌本以為自己在技術上有優勢，一請教才發現，臺灣藥廠早就有人從事藥物控釋製劑的研究，而且在美國也有實驗室，加上父親擔心他對臺灣市場

攝影／黃鼎翔

還不夠瞭解，不同意他貿然創業。

「想創業卻被潑冷水，對於當時雄心壯志的我，是一個大挫折。」黃逸斌回憶道。因為資金沒著落，他只好返回臺灣，先到藥技中心上班。

藥技中心是政府成立的財團法人機構，主要是從事藥品的研發，再將技術移轉給民間。黃逸斌指出，藥技中心成立的宗旨是輔導業者，所以研發的成果，通常不會只給一家廠商，不過，站在廠商的立場，當然是希望技術只移轉給他，這樣才能獨占市場。黃逸斌在藥技中心工作三年，觀察到獨家技術服務的商機，又動念要自立門戶，此時正好又有跟美國藥廠 Impax 合作的契機，於是正式跳出來創業。

最早的規劃，是由 Impax 提供技術，黃逸斌的實驗室進行研發，再賣給臺灣的藥廠，於是他就在工研院竹東院區的育成中心建立一個實驗室，正準備要大展身手，Impax 卻表示，他們只願以技術作價參與公司投資，最後黃逸斌所找出資的親友股東無法接受

拒絕與守候，

其實是為了考驗有為者的耐力。

這樣的條件，雙方的合作宣告破局。

既然實驗室都弄好了，黃逸斌只好硬著頭皮走下去，一九九七年正式成立公司，之前名稱原本要叫作「Impax Taiwan」，既然不合作了，他索性就改換第一個字母，變成 Empax（英伯士）。

苦等一年才拿到案子

英伯士成立之初，含黃逸斌在內團隊才三個人，沒有了 Impax 的技術支援，只能靠黃逸斌在美國所學，以及藥技中心的三年經驗來應付，而最讓他苦惱的則是業務拓展。得知家族中有一位表哥是五洲製藥的老闆吳先旺先生，雖然不熟，還是請父親引見，看看能否爭取到生意，結果當場遭到對方奚落：「做什麼長效藥！還不如回去念博士。」

初次接觸雖然碰了釘子，但是黃逸斌仍不死心，三不五時就去找表哥「搏暖」，希望對方可以給他案子做，然而始終沒有結果，前後磨了一年，才終於有了合作的機會。

黃逸斌說，其實對方這一年來都在評估，畢竟他的實驗室是做處方藥的研發，而五洲製藥主力是放在非處方藥，兩者的市場定位和通路都很不一樣，所以五洲也不敢貿然跨界，經過一年的觀察、準備，才終於決定跟英伯士合作，而且一次就給了六個案子。

不過，即使有了五洲製藥這個大客戶，黃逸斌還是做得很辛苦。他說：「主要是因為臺灣市場小，每個研發案通常只能拿到一次性費用，無法有持續性的權利金，獲利很有限。」公司為了生存，只好盡量多接案子，但是案量變大又需要更多的設備，而設備多了實驗室空間不夠，就得搬家，英伯士陸續搬了幾次家，後來甚至還把內湖的整層辦公室買下來，賺來的錢又都花在投資上。

「英伯士的資金都是來自親戚朋友，他們對生技產業也不是很了解，相信他們心裡一定很納悶，怎麼做了那麼多年都沒動靜，也沒有分紅或股利。」黃逸斌苦笑道。而箇中尚感安慰的是，逐漸把團隊建立起來，對於相關技術也有更深入的瞭解。

與大廠合作，打下漂亮的一仗

二〇〇二年，英伯士迎來了突破的機會。

攝影／黃鼎翔

黃逸斌在美國念書時，其名如雷貫耳的陳志明博士所創辦的安成主動來接觸，看看有無合作的可能。由於英伯士只做臺灣市場，而安成做的是美國市場，因此一開始安成對於英伯士還是有點疑慮，不過看了英伯士過去的研發成果，決定雙方攜手研發一款長效抗憂鬱症學名藥。

這款藥品就是威克倦（Wellbutrin XL），當時在美國已創下了二十二億美元的商機，因為製作難度高，上市一年多，還沒有學名藥出現，安成找到英伯士，不但要研發出學名藥，而且要拿到首家學名藥（FTF，First to File）的資格，如此一來才會有一八〇天的獨賣期。

以威克倦在美國熱銷的狀況，可想而知，想要競爭搶下首家學名藥資格的藥廠一定不少。在陳志明博士的指導下，英伯士和安成日夜趕工，跟時間賽跑，美國入夜後、臺灣早上接著做，花了十個月，終於完工，旋即送件申請，順利在二〇〇六年十二月取到藥證，比對手提早兩天拿下資格。

黃逸斌說，因為這兩天的時間差，安成搶到率先上市的先機，大發利市，對手要等到半年後才能上市，為時已晚。由於英伯士為安成打了漂亮的一仗，陳志明博士十分滿意黃逸斌的團隊，於是在二〇〇五年，英伯士以交換持股方式與安成合併，改名為臺灣安成，加上美國安成原本在中壢有個廠房，一併交給黃逸斌的團隊來管理。

另起爐灶，再次創業

合併後的臺灣安成，又陸續做了幾個成功的案子，主力也轉移到美國市場，業務蒸蒸日上，黃逸斌卻在合併的第三年後，離開了安成。

他坦言，隨著公司規模愈來愈大，技術重心也

攝影／黃鼎翔

許多學問不是翻書本就能懂，上課、學習、真正內化，才能為你所用。

放在臺灣團隊，美方管理高層對此頗有顧慮，雙方一直有很多小磨擦，最後的導火線則是美方堅決要解散黃逸斌在英伯士時代為了布局大陸，而在廣州成立的實驗室，忍無可忍的他，便毅然決定出走。

離開安成之後，黃逸斌一度無所事事，於是便和另一位同時出走的老同事，也是一起創辦英伯士的鐵桿夥伴詹惠如相約喝咖啡，規劃要如何東山再起。「因為距離第一次創業已經太久了，這時候又要從零開始，一時之間反而沒有頭緒。」黃逸斌透露當時的焦慮。

不過，就像他形容自己當初是硬著頭皮成立了英伯士，二〇〇八年他又是以相同的心情創辦了法德生技。他先是把之前被解散的廣州實驗室團隊，重新找回來，然後透過之前的人脈，和一些美國的藥品經銷商合作研發長效學名藥，同時也在廣東佛山成立藥廠負責生產，產品則專攻美國市場。

黃逸斌之前就看好中國市場，只是競爭者眾，光是在藥品查驗登記方面，必須很拚命才贏得過中國的藥廠。不過，二〇一五年中國推行藥政改革，要求藥廠必須符合等同於美國 FDA（美國食品藥品監督管理局）的檢驗標準，許多藥廠應聲而倒，而黃逸斌在中國的藥廠早通過了 FDA 的檢查，而且還是零缺點的評價，成為他發展中國市場的一大利器，目前已有不少合作的邀約。

成為全方位的人才

黃逸斌一路走來，有起有落，雖然遇過不少挫折，但是挫折之後，他總是能再度爬起來。

所有的歷程，都將成為生命的養分。就像他在北醫大求學時，雖然沒有特別的感受，但是那四年為他打下了專業的基礎，對於他後來研發藥品時，有很大的幫助。「很多學問，不是翻翻書本就能懂了，你就是要花一段時間去上課、去學習，才會真正內化，為你所用。」黃逸斌強調。

因為在創業路上跌跌撞撞，黃逸斌深深體會，要做出一番事業，有技術當然很重要，但是光有技術還是不夠的，要培養自己成為全方面的人才，面對層出不窮的困難，才能迎刃而解。

「遇到難關時，只要你不閃避，勇敢熬過去，就一定會變得更堅強。」黃逸斌以過來人身分語重心長地說。

攝影／黃鼎翔

攝影 / 陳志亮

築夢踏實　才能看到更多機會

生控基因疫苗股份有限公司董事長　章修綱

年少時，曾經因為貧窮差點付不出註冊費的章修綱，北醫大畢業後，從業務工作做起，之後就白手起家，開創了瑞安大藥廠。當藥廠做得有聲有色，他又另起爐灶，踏入全新的生物科技領域，他勇於做夢，卻也踏實圓夢，不斷突破自我，開創人生新局。

撰文／謝其濬

父母暱稱的「金寶妹」才呱呱落地不久，身上卻出現了凹凸不平的紫斑，讓原本該歡喜迎接家中新成員的父母，一點也開心不起來。

出生第二十六天，金寶妹就被診斷罹患罕見的急性先天骨髓性白血病，被迫開始承受艱苦的化療生活，眼看病魔隨時都可能奪走女兒的生命，傷心的母親無法接受這個事實。

在過去，如果是用藥物來治療先天性白血病，兩年的存活率不到百分之三十，慶幸的是，透過臍帶血移植，原本被視為絕症的骨髓性白血病，出現了轉機。

生寶生技集團董事長章修綱指出，在嬰兒的臍帶血中，含有珍貴的幹細胞，能夠於人體內產生新的骨髓，因此可以作為骨髓性白血病的治療用途。

金寶妹在生寶臍帶血銀行的公庫配對成功，週歲前順利完成臍帶血移植手術，至今（二〇一七年）已經四歲了，健康狀況良好，可以期待在未來的醫學發展上，臍帶血將可能扮演著舉足輕重的角色。

二〇〇一年，開始投入臍帶血事業的章修綱，本身也是專業的藥師。臺北醫學大學藥學系畢業後，他從藥廠的業務代表做起，起先與同學合作藥品行銷公司，之後他白手起家，開創了瑞安大藥廠。當藥廠做得有聲有色之後，他又另起爐灶，踏入全新的生物科技領域，經過十六年的苦心經營，打造出臺灣擁有最多國內外認證的臍帶血銀行，如今還是臺灣免疫抗癌治療的領導者。

攝影／陳志亮

章修綱喜歡透過旅遊調劑身心。 照片提供／章修綱

自力更生是務實的開始

四年級生的章修綱，來自有九個孩子的家庭。因為家境狀況並不好，父親希望他未來能當醫生，改善家中的經濟。不過，因為聯考分數的關係，章修綱沒能考上醫學系就讀，進了臺北醫學大學的藥學系。

雖然不是自己的第一志願，不過，章修綱看到家裡巷口的藥局老闆，平時也過著衣食無虞的生活，對於渴望「脫貧」的他，便覺得念藥學系，未來應該也會有不錯的出路。

不過，正當章修綱收到了學校的註冊單，準備迎接大學生活時，父親卻告訴他：「家裡沒有準備這筆錢。」讓他原本興奮的心情，立刻跌落至谷底。

章修綱知道，如果沒有去學校辦理註冊，馬上就得入伍當兵，而且還是三年的海軍陸戰隊，在註冊單與兵單之間掙扎的他，想起高中教務主任曾經對他說：「你只管認真去準備聯考，錢的事情不用煩惱。」於是章修綱回到學校求助教務主任。

慶幸的是，在家長會長的幫忙下，章修綱順利籌到了大一上學期的註冊費。「我經常回想，如果當年我選擇的是兵單，恐怕就不會有現在的事業了。」他百感交集地說。

雖然過了註冊費這一關，章修綱很清楚，接下來還是要靠自己，於是在大一暑假，他就決定找份工作，賺取之後的生活費。

對於一名還沒有任何專業、資源的年輕人來說，當業務員是賺錢的最快途徑。章修綱跑去書店買了一本《推銷百課》，熟讀書中的內容後，就大膽地跑到一家銷售和維修電子計算機的公司應徵業務員。

一開始，章修綱鎖定貿易公司的辦公大樓，因為銷售成效不佳，於是便調整策略，改為到商家聚集的臺北後火車站，因為店家一定有使用計算機的需求，他一家一家地登門拜訪，業績終於破蛋，陸續做成幾筆生意，慢慢建立起信心，後來又換了公司，客群也轉為大學生，生意最好時，一個月的業績可達百萬元。

主動出擊，收穫滿囊

回憶起大學的時光，章修綱坦言，為了工作賺錢，就沒有太用功讀書，大一時因為課程比較簡單，還能輕鬆過關，升上大二後，就開始感受到課業的壓力，他擔心自己若是被當掉的科目太多，可能遭到退學，就得去當兵，算一算之前的收入，足夠支付之後的學費和生活費，於是他大三起就暫停工作，回歸學生本業，並在畢業前就考上了藥師執照。

雖然自認不是很用功的學生，章修綱求學時，有個習慣，就是上分組實驗課，一定自告奮勇，爭取親自做實驗的機會，包括了吞氣球來測量胃的收縮壓，也是由他負責吞氣球的苦差事。「那些好心把實驗讓給我做的同學，可以輕鬆共享實驗的結果，可能覺得自己賺到了。」章修綱笑道，但他認為自己才是收穫最多的人。

他解釋，就他個人而言因為只有親自實做，才能體會到實驗設計的精髓，思考為什麼要設計這一步驟，再驗證書本上的理論，感覺就會深刻，相較之下，如果沒有親身參與實驗，對這些理論也比較「無感」。

「大學時期的學習態度，影響我後來的人生觀。」章修綱強調說：「凡走過，必留下痕跡，一路走來，我始終是個『執行者』。唯有實際經歷過，才能理解執行過程中的每一個轉折。」

大學時期就開始推銷計算機的業務工作，章修綱畢業後，自然也選擇進入知名藥廠，擔任業務代表，主要是做開業醫的生意。

當時章修綗一個月的業績，目標是五十二萬元，分攤進二十二個工作日，一天要做約兩萬多元的生意，只要其中一天未能達標，第二天的業績目標就會累進更高，可以是說天天都被業績追著跑。

曾經有一次，他做了一筆十幾萬的生意，客戶看他一臉平靜，感到很訝異，便問章修綗：「你怎麼沒有很興奮的樣子？」他才意識到，自己的工作壓力有多大，即使拿到大筆的訂單，他還是掛念著之前沒做到的業績缺口。

「我是真的很努力。」章修綗透露，大部分的業務員，只是工作上午、下午兩個時段，而他則是從早工作到晚，有些醫師晚間看診到九、十點，他還得等候醫師下診後，陪對方吃宵夜、搏感情，回到家都已經十一點了。

章修綗第一份藥廠的工作做了八個月後，在

攝影／陳志亮

同學的介紹下，轉戰到日本藥廠，負責開發新客戶，成了年年奪冠的頂尖業務員，後來又跟同學合夥成立藥品行銷公司，經濟狀況已大幅改善。

開藥廠是使命感

三十五歲那一年，章修綱決心放手一搏——自己開藥廠。

「開藥廠，一直是我的夢想。」他坦言，雖然從事藥品銷售，收入的確很不錯，但是賣的畢竟還是國外廠商的藥，出身藥學系的他，總是有份使命感——能夠自己開藥廠，證明本土藥廠的製藥實力，打破一般人認為「進口藥比較好」的刻板印象。

當時，章修綱和創業夥伴籌資一億，就開始動工興建藥廠。其實，GMP 藥廠興建所需資金，遠超過一億，負責財務的章修綱，精算過土地、廠房、設備等預算。「本來以為資金足夠，結果卻發現，沒把人事費用算進去。」章修綱苦笑道。而且廠房就算蓋好，也不是馬上就能開工賺錢，還要等到 GMP 查廠，申請藥證等程序走完了，才能開始銷售藥品。

瑞安大藥廠成立初期，每個月虧損高達三、四百萬元，以這種速度燒錢下去，

貧困，是「脫貧」與前進的動力。

大概兩年就會把資本燒完。「每天早上一睜開眼，第一個念頭就是想到，今天又要虧損十三萬了。」章修綱回憶道。當時晚上不管幾點就寢，每每只睡三個小時就會自動醒來，可見他有多麼焦慮。

既然晚上睡不著，章修綱就利用夜裡清醒的時光，拿出紙和筆，把公司遭遇的問題一一列出，然後再寫下他認為可行的解決之道，透過這樣的方式，漸漸地紙上的問題愈來愈少，他的睡眠時間也愈來愈長，隨著瑞安在一年後開始轉虧為盈，章修綱也可以一覺安穩睡到天亮。

轉戰臍帶血產業

正當瑞安大藥廠站穩了腳步，一九九七至一九九八年之間，歐洲臍帶血庫業者來到亞洲尋找合作夥伴，對方認為，瑞安的經驗比起同業更有競爭優勢，章修綱也評估臍帶血極有發展潛力，便毅然將總經理一職交棒給弟弟章修績，在二〇〇一年創設生寶生技，轉戰當時在亞洲才剛起步的臍帶血儲存產業。

「從製藥到臍帶血儲存、從化學藥到幹細胞，看似截然不同，很多道

攝影／陳志亮

理還是相通的。」章修綱指出箇中關聯性。從醫療供應產業的角度來看，臍帶血幹細胞就是醫療品，一切就要符合技術標準化和藥物法規，因此，他是用製造藥品的嚴謹態度，去做臍帶血的儲存。

舉例來說，相較於其他同業使用一支平均單價約七元的試管儲存臍帶血，生寶考量每一袋血隨時可能派上用場，必須採用安全性較高、保存效果較好的儲存方式，以備不時之需，因此，從十六年前收存第一袋臍帶血開始，就使用一個要價上千元的多間隔抗凍血袋，因為密閉性極高，能避免臍帶血遭受汙染的機會。

因為把臍帶血儲存臨床 SOP 做到極致，生寶不僅拿到了美國病理學會 CAP、美國血庫協會 AABB 等完整國際認證，也成為亞洲第一個獲得細胞治療認證協會 FACT 認證的臍帶血銀行，業務據點更橫跨亞洲和美洲。

只要懷抱夢想與使命感，與成功就沒有距離。

投入免疫治療的研究

雖然瑞安是靠著製造學名藥起家，製造新藥始終是章修綱的夢想，他還在瑞安大藥廠時，便曾經有研發中的攝護腺肥大新藥，創下首家國產藥廠在英國註冊IND（新藥註冊申報）、並完成第一期人體臨床實驗的紀錄，可謂是一大里程碑。

他創辦生寶之後，二〇〇八年成立瑞寶基因、二〇一二年成立生控基因、二〇一三年成立安基生技，前兩者是以免疫療法發展動物傳染病預防，及人類癌症治療的新藥開發公司，最年輕的安基則是從事小分子化學新藥的研發。

章修綱十分自豪表示，瑞寶基因的第一支產品是豬隻藍耳病（豬生殖與呼吸綜合症病毒）疫苗，就能為廣大養豬戶解決豬隻流產問題，產品一上市就打敗國際大廠，穩居市占第一，甚至還銷往菲律賓和俄羅斯。

而生控基因自行研發的「蛋白質新藥平台」，運用顛覆性創新的免疫療法開發病毒感染疾病和癌症的治療劑，包括B型肝炎、子宮頸癌甚至肺癌等重大疾病，未來有機會在門診打針就能治癒。

在採訪過程中，章修綱不時半開玩笑地形容自己是「人窮志短」，因為他職涯的每一步，總是從最務實的角度出發。那麼，如何能夠不斷地突破自我、開創新局呢？他沉思了一下說道：「我想，那是因為我總是不滿於現狀，每次站穩腳步後，又忍不住想要再往外跨步出去。」

正因為勇於做夢，章修綱建議年輕學子，不必擔心將來能不能學以致用。「最新的知識，永遠來不及出現在課本上，最重要的是，你是否把基本功練好，再用基本功去銜接最新的科技。」他語重心長地提醒，只要能夠築夢踏實，就會看到更多的機會。

章修綱總是衝勁十足，衝刺事業也如同在運動場上一樣拼命。　照片提供／章修綱

從務實的角度出發，不自滿於現狀，
就能夠不斷地突破自我、開創新局。

《推銷百課》

江訓兼

推薦原因|

是我從事業務工作的入門書，內容相當易讀，適合業務菜鳥閱讀。

內容簡介|

本書以淺近、具體的事例為題材，逐層剖析，以探尋說服推銷之原理原則，為一有組織的「推銷學」專書。

章修綱的書房祕境

攝影 / 林衍億

發揮橄欖球精神　為夢想堅持到最後一秒

瑞安大藥廠股份有限公司總經理　章修績

大學時代曾經是橄欖球校隊的章修績，把打球時衝鋒陷陣、堅持到最後一秒的精神，發揮在工作之中，從業務菜鳥做起，逐戶做陌生拜訪，再跟大哥章修綱攜手合作，為「臺灣製藥，行銷全球」的願景而努力。

撰文／謝其濬

有「生技奧斯卡」之稱的臺北生技獎，鼓勵企業投入創新，向來是生技界的年度盛事。

二〇一四年臺北生技獎中的「研發創新獎」項目，由瑞安大藥廠拿下銀獎殊榮，獲獎的產品為「新型植入式醫療器材——生物降解性注射式骨水泥」。

瑞安大藥廠總經理章修績表示，隨著全球高齡化，骨質疏鬆已成老年保健熱門課題，在治療骨質疏鬆引起的脊椎骨折上，瑞安所研發的這款產品，可以引導骨細胞的修復，為骨折病患提供新的治療選擇。

二〇〇四年正式接下總經理一職的章修績，簡樸的穿著，銀白的頭髮，一臉慈眉善目，給人一種好好先生的形象。

「我以前念北醫大時，可是打橄欖球校隊的呢！」章修績笑道。畢業後幾乎就不再上場的他，把打橄欖球時衝鋒陷陣、堅持到最後一秒的精神，發揮在事業的經營上。

章修績透露：「求學時代，我曾經有個夢想，就是以後要蓋藥廠、做新藥。」他和同為北醫大藥學系校友的大哥章修綱攜手努力，先是圓了蓋藥廠的夢，經過三十年的努力，除了生產學名藥，在蛋白質製劑技術、生骨替代物、控釋劑型技術都有建樹，至於在新藥研發方面，也可望開花結果。

大專盃橄欖球賽　　　　　照片提供／章修績

職場就像球賽，
將不停地衝鋒陷陣、堅持到最後一秒的精神，
發揮在事業的經營上。

來自九個孩子的大家庭

章修績來自有九個孩子的大家庭，他在家排行老五，章孝嚴、章孝慈是他們的表哥，跟他們同住在新竹的中央路上，家中人口最多時，有十三人之多。

家中孩子多，食指浩繁，全靠父親在青年戰士報當記者的一份薪水養家，生活拮据可想而知，像是家裡的第一部彩色電視機，還是用他當兵時存下來的薪水添購，之前所看的是別人用過的二手黑白電視機，而且畫面還不是很清楚。

章修績就讀高中時，父親罹患青光眼，不幸導致失明，無法工作，家計重擔就落在母親和三姊身上。一開始是接玩具布偶的家庭手工來做，一天二十塊，後來聽說附近的瓦場在找搬運工，一天八十塊，報酬是做手工的好幾倍，於是就改去做搬運工。錢雖然賺得比較多，但是非常耗費體力，母親去做一天，就全身痠痛，甚至無法走路下樓梯，必須用坐的方式，一階一階慢慢的「坐」下來，母親對家裡的付出，讓章修績深深地感恩在心。

章修績大學原本念的是逢甲土木，因為老家在新竹，很想回北部念書，當時轉學考了好幾所學校，分數都有達標，而他選擇進入臺北醫學大學藥學系，小大

畢旅，與同學留影於中橫　照片提供／章修績

哥章修綱三屆。

從土木到藥學，可以說是截然不同的兩個領域，再加上又是轉學生，起跑點已經晚人一截，為了追上進度，章修績非常用功念書，「當時我的活動區，不是在教室，就是在寢室。」

從打橄欖球中獲得的啟示

就讀大二時，章修績的好同學接下柔道社社長職位，想延攬他加入，正在考慮時，又聽到橄欖球隊在招生，他曾經聽聞美國不少名人都有打橄欖球的背景，還蠻想親自體驗看看，於是選擇了橄欖球隊。

提到橄欖球員，通常給人的聯想都是擁有高大魁梧的體格，跟章修績的體型似乎不太像。章修績笑道：「其實，橄欖球的特性，就是不同體型的人都能參與。」壯漢級的就當前鋒，高高瘦瘦跑得快的人就當跑鋒，像他沒那麼壯又沒那麼高，就在橄欖球隊擔任「傳鋒」，負責餵球給前鋒鬥牛，再傳給跑鋒衝刺。

橄欖球一向以碰撞激烈聞名，比賽中球員受傷或掛彩是家常便飯。

章修績大四時參加大專盃比賽，在處理傳球時，一個不小心，被對手撞倒，章修績後腦勺著地，好幾分鐘不醒人事，只好被抬出場。醒來之後，章修績仍覺得頭暈腦脹，回到學校的附屬醫院去照片子，所幸沒有大礙，不過他深呼吸時會有撕裂感的狀況，持續了一個月之久才康復。

畢業之後，章修績曾經返校跟學弟打了一場友誼賽。因為很久沒有訓練，反應已經不像在學時那麼靈敏了，一個假動作沒做好，就遭學弟擒抱住，同隊的球員又無法把對方擋回去。「整個牛群在我身上，滾了一圈，我聽見肋骨嗶嗶剝剝作響。」章修績回憶著說。比賽之後，又是深呼吸時會疼痛，那一次也是整整痛了一個月之久。章修績自知已不再適合在橄欖球場上衝鋒陷陣，從此就不再上場。

2017年日本長照暨JP DRUGSTORE SHOW參訪
照片提供／章修績

雖然已高掛球鞋，但是橄欖球的精神仍深植章修績內心深處。如果要用一句話來說明橄欖球的精神，我認為是：「到最後一秒都要往前衝。」他有感而發地說以前教練林鎮岱老師分享自身經驗，是打到連肩膀都脫臼了，還繼續在球場上撐著，這種咬緊牙關，也要堅持下去的意念，也成為章修績日後面對困難時，鞭策自己不要放棄的力量。

陌生拜訪開拓業務

大學最後一年，章修績就開始思考未來。以前的他，總是把升學視為理所當然，就讀藥學系時，他也曾經考慮畢業之後是否該去考研究所，不過，因為沒有十足的把握會考取，加上他又很想早點工作賺錢，因此決定還是先走就業的路。

畢業前夕，系上邀請了多位學長回來分享職涯出路，章修績多方比較後，認為還是從事業務工作，收入比較好，因此他退伍後，就進了一家外商藥廠的本土代理商當業務，負責藥房和開業醫等通路。

章修績坦言，自己並非出身經商世家，最初也不懂得怎麼做生意，只能從經驗中學習。他透露：「一開始做陌生拜訪時，我會挑比較偏遠、生意不太好的客戶，我的盤算是，即使講得不好，對業績影響應該也不大。」每次拜訪完一位客戶，在騎摩托車前往下一位客戶的路上，他就會回想剛剛自己的動作、話術，是否有需要改善之處。

有一回去拜訪一位開業醫，對方看章修績滿頭大汗，還是一本正經地介紹，趕緊把電風扇對著他吹，還一直鼓勵他：「你說得很好，慢慢講，不要急。」章修績非常感動客戶的友善。

慘遭客戶倒帳

從事業務雖然薪水高，但是風險也高，像章修績就曾經有過兩次被倒帳的慘痛經驗。

他解釋，當時服務的公司有個規定，就是當某位客戶的應收貨款累積到三萬元，就暫停出貨，必須要對方付出貨款，才能繼續出貨。為了做到業績，章修績學到一個取巧的作法，就是當Ａ客戶的應收款到達三萬元的額度、公司不能出貨時，就對尚未達到額度的Ｂ客戶出貨，實際上貨品是轉賣給Ａ客戶，如果Ａ客戶很有信用地

腳踏實地做事，才是不吃虧的王道。

付清貨款就沒事，一旦A客戶惡性倒閉，私下挪用的貨品款項就要由業務來承擔。

章修績上班才一個多月，就因為這樣的操作模式，不幸被倒了兩萬多元，將近三個月的薪水，心裡懊惱不已，又不能告訴家人，且因為違反規定，也不敢讓公司知道，只好自己想辦法還掉。沒想到幾個月後，同樣的狀況再度上演，但這一次被倒的金額高達十五萬元，遠超過他一年的收入。

「可能是因為有了一次的經驗，雖然這次被倒的金額更大，心裡倒是沒有第一次那麼痛，只是覺得這筆錢如果用來幫家裡買東西，該有多好。」章修績苦笑道。見證了人性的險惡，年紀輕輕的他，曾經有過「不要做了」的念頭，但是有債務在身，還是不得不繼續努力賺錢，加上透過標會的方式，慢慢地把貨款還清。

兄弟攜手，共創事業

從踏入職場的第一份工作，到現在擔任瑞安大藥廠的總經理，章修績始終將自己定位為業務，他認真地說：「我一直認為，業務是CP值很高的工作。」除了收入會比一般上班族高，更重要的是，能夠站在第一線上面對市場，並廣結人脈，對於之後要經營自己的事業，會有很大的幫助。

2017代表台北市藥師公會與日本東京藥師公會續盟簽約
照片提供／章修績

大概在章修績退伍兩年半後，大哥章修綱跟同學創立了藥品行銷公司，由於公司擴大營業需要增添人手，他當然義不容辭地加入，負責的工作主要跑醫院的通路。章修績透露，因為公司是跟國內外藥廠買藥，再賣給通路，只能賺中間的利潤，獲利有限，便考慮自己蓋藥廠來製藥，便在一九八八年成立了瑞安大藥廠。

談到創業的初衷，章修績指出，他和大哥都有相同的願景，就是為臺灣打造出可以行銷全球的新藥。只是研發新藥是一條漫漫長路，又相當燒錢，因此瑞安同時必須靠做學名藥來維持營收，也才有資金挹注在研發上。

章修績還記得，從小父親就告訴他們：「兄弟同心，其力斷金。」日後兄弟果真走上攜手共創事業之路，公司的營運由大哥掌舵，章修績就專心跑業務，各自分工。「我不過問管理階層的事，他們也尊重我在業務拓展方面的作法。」章修績透露。

咬緊牙關，堅持下去的意念，為日後面對困難時，鞭策自己不要放棄的力量。

隨著章修綱成立了生寶生技，轉戰臍帶血市場，二〇〇四年章修績正式接下了總經理一職。

「曾經有人問我，當老闆跟當夥計有什麼不同？我的答案是，當老闆的發薪水，當夥計的領薪水。」章修績笑道。領薪水很單純，發薪水就得考慮很多事，他說：「當老闆對員工是有承諾的，你不只是承諾他今年的薪水，還包括了三年後、五年後的薪水，現在該怎麼做，未來才能發得出薪水，這是每一位企業經營者的責任。」

創新研發，不遺餘力

除了照顧員工，瑞安大藥廠的另一個使命，則是致力於創新研發。他表示，瑞安從創業之初，一直都有相當比例的預算投注在研發上，早在一九九八年，就投入研發攝護腺肥大新藥 α-1 阻斷劑，是臺灣第一家到歐洲（英國）註冊 IND（臨床試驗審驗），並完成第一期人體臨床試驗的 GMP 藥廠。該項降血壓新藥並於二〇〇二年榮獲行政院第一屆藥物科技研究發展獎藥品類金獎。

該款藥後來因為商業考量，沒有再繼續發展下去，不過章氏兄弟仍然沒有放棄新藥的研發，進一步跨入免疫療法的領域，另外成立生控基因公司，打造免疫療法的平台。生控的第一支產品 TVGV-1 瞄準子宮頸癌及癌前病變，是目前可能做到治療兼具預防復發的雙效治療劑，已經在美國進行第二期人體臨床實驗，在臺灣則是和臺大醫院合作第一期臨床實驗，漫長的新藥研發已見曙光。

另外，三十年來，瑞安也累積了不少研發的專利，包括了生骨替代物、蛋白質製劑技術、控釋劑型技術等，除了獲頒臺北生技獎、藥物科技研究發展獎之外，也拿過國家品質保證金像獎、國家生技醫療保健單一藥品類品質金獎及整體藥廠類品質獎等諸多獎項。

章修績坦言，研發燒錢，學名藥市場則因為成本提高等因素，愈來愈不好做，一路走來，其實困難很多，每次遇到挑戰時，他就會看看《如何經營自己第1部：怎樣當夥計》這本書。這本書是大哥章修綱推薦給他的，當年還是業務菜鳥時慘遭倒帳，就是看了這本書，找到再次出發的力量。

攝影／林衍億

章修績指出：「這本書總結來說，就是一句話：實實在在努力工作。」光是「實實在在工作」，只能做到稱職，要「實實在在努力工作」，才能達到卓越，而他就是秉持著實實在在努力工作的信念，帶領著瑞安，朝「臺灣製藥、行銷全球」的目標繼續前進。

《如何經營自己第1部：怎樣當夥計》

魏銘

推薦原因｜

對個人影響很大的一本書，即使當了老闆，仍十分受用，特別是面對挫折時，可以幫助自己看見盲點，調整心態，不至於一直錯下去。

內容簡介｜

遇到那些愛挑剔、蠻橫不講理的客人，該怎麼辦？如何引用前車之鑑自我反省，以更上層樓？透過本書分享的職場智慧，可以學會如何成為老闆的得力助手。

章修績的書房祕境

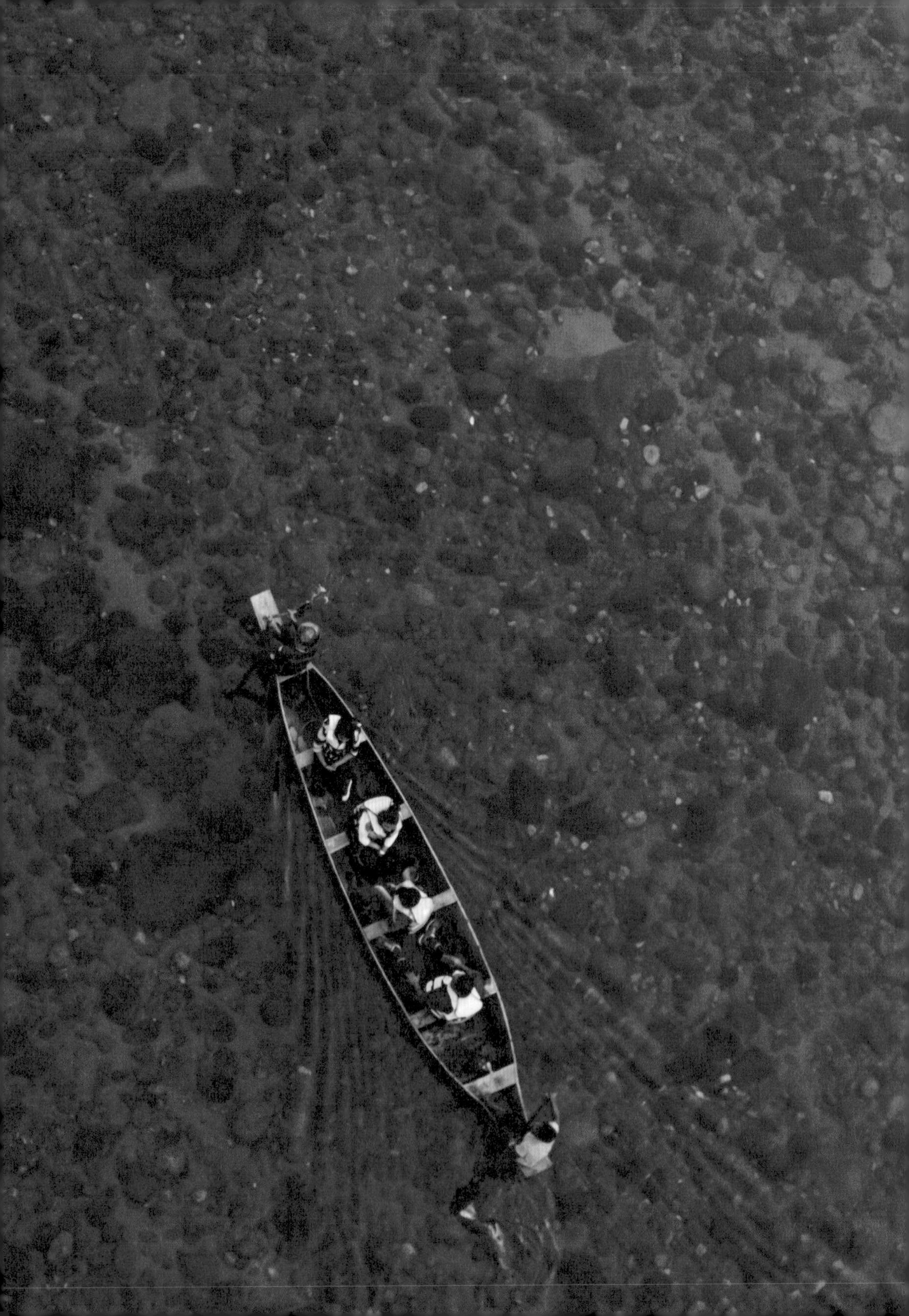

Chapter 2

成功的互助共商

成功並非單打獨鬥，夢想具體化的過程，其實是一路上的好友、師長、創業夥伴，以及敵人的激勵，如何將一場談話、爭執、一次短暫相聚，轉換為扭轉人生的創業關鍵。

攝影／林衍億

從研究者到企業家　抗體新藥開發先驅

台灣醣聯生技醫藥股份有限公司董事長　張東玄

北醫大畢業後，陸續在日本、美國學術界深造的張東玄，從繁殖哺乳動物細胞，到開發單株抗體技術，擁有了時代先端的生物技術知識，他回國發展，深耕臺灣的生技產業，只為了研發出屬於臺灣自己的新藥。

撰文／謝其濬

醫學發展日新月異，隨著分子遺傳生物學、免疫學研究的突破性進展，抗體、疫苗等生物醫藥的新藥開發逐漸占有重要的地位。在人類醫藥開發中，以人類抗體，以及相關疫苗開發最被期待。

所謂抗體藥，簡單來說，模仿身體免疫系統自然產生的抗體，進而對疾病產生治療的效果，特別是在癌症治療的應用上。

提到臺灣抗體藥物的研發，台灣醣聯生技醫藥股份有限公司董事長張東玄，絕對是一個無法缺席的名字。

北醫大畢業的他，先在日本東京大學取得藥學碩士、博士後，隨即赴美，陸續在約翰霍普金斯大學醫學院、馬里蘭大學醫學院、賓州大學擔任教職及研究員，累積了多年的學術經驗後，一九八六年他應臺灣大學臨床醫學研究所之邀，返國擔任客座教授，並任職經濟部所設立的財團法人生物技術開發中心，前後長達十四年，二〇〇一年成立醣聯，開始從事抗癌新藥研發。

「我從一九七〇年，就研究如何在培養皿中繁殖哺乳動物細胞，後來在美國開發單株抗體技術，進而著迷於製造對抗癌細胞表面特殊標記的單株抗體，現在將這樣的抗體，開發成治療癌症的藥物。」張東玄感性地說：「我一生努力研究的技

攝影／林衍億

術，終於開花結果。」

台灣醣聯的研發實力，連日本人都想投資，張東玄用自身的歷程證明了，只要堅持自己想做的事，即使是研發新藥這樣漫長而困難的目標，也有美夢成真的機會。

保持追求知識奧祕的熱忱，熱情參與運動和團體活動，是身心合一至高的人生境界。

求學之路一帆風順

從建中、北醫大，到海外留學，張東玄的求學之路稱得上相當順遂，事實上，從他的父母親以降，乃至他的兄姊們，都屬於很會念書的類型。

張東玄的父母，在日據時代，分別是臺南師範學校（今臺南大學）、彰化高女（今彰化女子高級中學）的首屆畢業生，父親畢業後從事了一陣子教職後，有感於需要再進修，就帶著家中六個孩子，遠赴東京進修法律，張東玄在當地出生，是家中最小的男生。

「因為家裡的孩子很多，我父母的策略就是大的帶小的，一個盯一個。」張東玄透露，像他就是歸三姊管，而底下一個妹妹則是歸他管。或許是這種手足提攜的策略奏效，再加上家族基因遺傳，兄姊不是就讀建中，就是北一女，張東玄後來也是進入建中就讀。

張東玄的父親返臺後從事公職，有感於念文科求職不易，他希望孩子盡量念理工科，在父親的期待下，張東玄的三個哥哥，分別是念臺大化工、臺大機械，以及成大建築。張東玄自己則一開始就想念藥學，而非醫學，進入北醫大藥學系就讀，算是如他所願。

「當醫師的話，要做很多臨床工作，不是很符合我的個性。」張東玄坦言，相較於臨床，研究型工作更適合他。「從小，我對於追求知識的奧祕，就充滿了熱忱。念小學時，為了解開應用問題，我可以晚上不睡覺，一直研究到天亮。」他說。

多采多姿的社團活動

張東玄的原生家庭成員不但會念書，另一個共同點，就是很有運動細胞，幾乎每個人都有一項精通的運動。

就讀建中時，靠著兄姊們留下的筆記，張東玄不必太賣力準備，成績就可以考得不錯，很多自己可以運用的時間，他就用來運動。進入北醫大後，從升學壓力解放出來，他更是盡情投入在運動和社團活動之中。

張東玄在北醫大前後參加了七個社團，光是運動類，就有足球隊、橄欖球隊、柔道社等。「與其說我是念北醫藥學系，不如說我是念北醫體育系。」他打趣道。另外，張東玄還參加了畫社、合唱團等藝文類社團，還是系上自然會的會長，常在假日跟著顏焜熒、高木村等老師們去郊外採藥。

對他來說，參加社團，重點在於體驗，比方像畫畫，他很有興趣，但是參加了畫社之後，就知道自己沒有繪畫的天分，所以只參加了一年，至於其他的社團，後來也陸續退出，直到大四，只留下他最愛的足球，不過，透過琳瑯滿目的社團活動，的確豐富了張東玄的大學生活。

後來為了賺取生活費，他還兼兩個家教，再加上社團活動，張東玄承認，其實沒有放太多心思在功課上，不過，他總是有辦法讓分數低空掠過，逃過補考的命運。他印象特別深刻的是顏焜熒老師的生藥學，全班只有三個人不用補考，而他正是其中之一。「不過，我猜測，擔任自然會會長，應該是有為我加到分。」張東玄笑著說。

順利通過兩大考試

乍看之下，大學時代的張東玄在念書方面有點「混」，其實跟他目標導向的思維有關。

張東玄認為，念藥學系的最終目的，最主要是考藥師執照，加上哥哥們都出國留學，他很早也下定決心要追隨他們的腳步，因此，在他心中，在校學業成績還是其次，通過藥師執照考試、留學考試等兩大考試，才是主要的目標。

北醫足球校隊贏得大專醫學杯足球賽冠軍
照片提供／張東玄

畢業後當兵，張東玄在金門服預官役，島上生活簡單，他也因此能夠專心讀書，經過一年的衝刺，就順利通過了兩大考試。

為了準備出國的費用，張東玄計畫先工作一年，正好他擔任家教的學生，是日商第一製藥董事長的女兒，因為這個機緣而進入了第一製藥當業務代表，不過，他才工作三個月，某天受邀以校友的身分，跟北醫足球隊進行友誼賽，不幸傷到左眼，在醫院一躺就是一個月。

受到眼傷的影響，張東玄在藥廠的工作不得不停擺，慶幸的是，董事長看在他是女兒的家教老師，而且留學地又是日本，竟大方資助他留學費用，不但機票錢有了，甚至還有錢可以作為生活費，因為有貴人相助，張東玄的留學之路得以順利啟程。

教授推薦，轉戰美國學術界

張東玄在東京出生，從小就會說日語，對東京也有親切感，到東京大學留學，對他來說，是再自然不過的決定。

不過，相較於大學時代可以打球、參加社團，進入東京大

平時認真、投入，
為自己做最好的準備，
機會自然找上你。

學攻讀碩士後，張東玄全心投入研究中，每週有三到四天，他都徹夜待在實驗室做實驗，加上還要到餐廳打工，完全沒有玩樂的時間。

念完碩士，他又繼續念博士班，在教授指導下，研究如何繁殖哺乳動物細胞，因為教授為了他安排了一份助教的職務，收入還不錯，比起之前在餐廳的工作，要來得輕鬆許多，不必再為生活費操心的他，只花了兩年半，就完成了博士論文。

就在張東玄拿到博士學位前夕，指導教授有位在美國約翰霍普金斯大學醫學院任教的友人，需要找人幫忙繁殖細胞，在他的推薦下，張東玄連畢業典禮都沒參加，就飛往美國，半年後才接到日本補寄來的畢業證書。

張東玄在美國的新老闆來頭不小，對方是發現 IgE（Immunoglobulin E，免疫球蛋白）的教授，曾多次獲得諾貝爾獎的提名，藉由為他培養血液細胞的契機，也開啟了張東玄在免疫抗體的研究。

104學年度傑出校受獎典禮。　照片提供 / 張東玄

走在全球生技研究的前端

一九七五年，西撒．彌斯坦（Cesar Milstein）和喬治．寇勒（Georges Kohler）成功發明出單株抗體（兩人在一九八四年因此發明而獲得諾貝爾獎），在賓州大學做單株抗體的研究，需要找一個既懂得抗體，又能繁殖細胞的研究員，經過張東玄前任老闆的推薦，一九七九年，他就到賓州大學從事單株抗體與腫瘤標誌的研究。

所謂單株抗體，是由一株細胞製作出來的抗體。張東玄解釋，如果把癌症化療，看作是地毯式地轟炸癌細胞，單株抗體的藥物，則是彈導飛彈針對特定癌細胞，做為標靶直接攻擊殺死癌細胞。

現在被視為新藥明日之星的單株抗體藥品，張東玄在近三十年前就擁有這些生物技術知識，可以說走在全球生技研究的最前端，他甚至在一九八二年，還獲邀到日本京都參加大量培養哺乳動物細胞的國際研討會演講，說明單株抗體在醫藥上應用的可行性，為當時有如生技荒漠的亞洲，注入新的知識活水。

分別待過日本、美國兩邊學術環境的張東玄觀察，日本的規則嚴謹，一個學系的教授、副教授人數，都有名額的限制，即使能力夠，也要有缺額才有機會升等，相較之下，美國的風氣較為自由，只要學校經費許可，就沒有人數限制，只要有能力，就能一步步升上去。

從當年公司資助他到日本留學，到指導教授們的引薦，讓他在研究之路上更上一層樓，一路走來，張東玄可以說貴人不斷，被問到為何這麼有貴人緣，張東玄笑道：「平時就是要很認真、投入，把自己準備好了，別人要推薦時，才會想到你。另外，大概就是我對教授們都很尊敬吧！」

為了圓夢而創業

在美國從事八年左右的研究後，張東玄轉戰產業界，在知名的放射藥物廠擔任研發主管，曾經一度獲當時的行政院科技顧問室李國鼎政務委員召見，希望像他這樣的生技人才，能夠回臺灣貢獻。

長年在海外闖蕩十七年的他，對於臺灣始終有份情感，加上高齡八十六歲的父親也生病了，需要有人照顧，張東玄便放下了美國待遇優渥的工作，返回臺灣發展。

他先是在臺大臨床醫學研究所擔任客座教授，後來又進入財團法人生物技術開發中心擔任免疫組主任，帶領國內第一個從事單株抗體及檢驗試劑團隊，為了能夠更專注於自己的研究，已經是中心代理執行長的張東玄，二〇〇一年決心走出生技中心的保護傘，自己出來創業。

「我從回到臺灣那一天，就是想製造新藥。」張東玄坦誠而言。不過熟悉新藥產業生態的他也知道，新藥光是研發，最短就要七年以上，之後要經過臨床、生產，直到藥品上市，無疑是一場漫長的旅程，但是為了圓做新藥這個夢想，他還是勇敢地跨步向前。

論研發實力，張東玄絕對胸有成竹，最大的挑戰是資金。研發新藥，就是燒錢，醣聯成立前六年，連年虧損，把醣聯的一億元資金燒盡，眼看就要彈盡援絕，張東玄能做的，就是把已經做出來的研究成果寄給全世界的藥廠，看看是否有人會感興趣，前後大約找了一百家藥廠。

在瑞士愛因斯坦紀念館前留影　照片提供／張東玄

日本藥廠挹注資金活水

然而，寄出去的研究成果，卻是石沉大海，乏人問津，從小讀書就一帆風順的張東玄，陷落人生的低谷。

正當醣聯走到山窮水盡，日本大塚製藥來敲門，他們看到了張東玄團隊的研究成果，派人前來查訪，一個月前前後後就來了三十多位，最後拍板敲定，在二〇〇九年以一．九六億美金（約六十億臺幣）並且上市銷售此新藥之後必須給付醣聯每年銷售額的百分之十權利金，買下醣聯的大腸癌抗體藥，在二〇一三年，再投資了二．七六億臺幣，取得了醣聯百分之五的股權，這是臺灣生技業首樁國外藥廠來臺投資案。

與張文昌董事長在台北某餐廳不期而遇。

照片提供／張東玄

窮盡一生努力研究的技術，
贏得一個不能缺席的名字。

解決資金的問題後，醣聯近年來致力於更新、優化抗體藥物開發平臺，新實驗室配合技術平臺更新，以自動化流程取代勞力密集的工作，另一方面，也加強了抗體藥物生產的自主性，確保可用最精簡快速的時程，進行臨床前的相關試驗。

醣聯的翻轉，彰顯了臺灣生技廠的研發實力，也代表張東玄的夢想，距離愈來愈近了。

張東玄專注癌症抗體製造新藥，三十年如一日。「其實，我只是做自己想做的事。」他謙虛地說。不過，他也強調，正是因為做自己想做的事，他才能一路堅持到現在。

暢銷書《祕密》中有句名言：「當你真心渴望某樣東西時，整個宇宙都會聯合起來幫你完成。」從研究者到產業推手，張東玄的追夢歷程，正是最好的見證。

攝影／陳志亮

心有多寬　舞臺就有多大

台灣泰福生技股份有限公司執行長　趙宇天

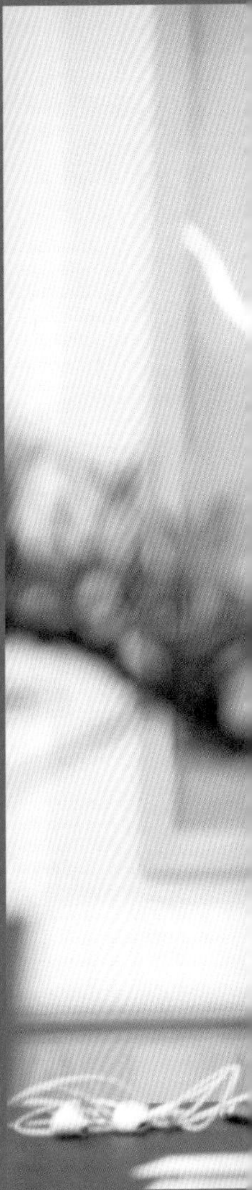

一個北醫藥學系的畢業生，憑藉自己實力創業，在美國建立起兆元製藥王國，可能嗎？一個從臺灣到美國發展的年輕人，沒有人脈，沒有資金，在文化完全不同的西方社會，如何能攀上全球生技產業的巔峰？

撰文／方含識

這次面對面採訪台灣泰福生技董事長趙宇天，他是臺灣製藥產業成就極高的創業家，一九八四年，他集資一百萬美元創立華生藥廠（Watson Pharmaceuticals），二〇一五年時，華生藥廠已然成為全球第三大學名藥廠。是年，華生藥廠的學名藥部門以四百零五億元（約合新臺幣一兆二千億元）賣給 TEVA 藥廠，三十一年裡，趙宇天創立的公司增加令人咋舌的四萬零五百倍價值。

過去五十年，北醫藥學系培養出的創業家，撐起臺灣製藥業半壁江山，白手起家的趙宇天在人才濟濟的北醫中拔類超群，闖創出一家由華人主導的全球頂尖藥廠。

趙宇天從臺灣出發，征戰全球製藥業。由於相信企業購併才能讓公司茁壯，因此後來 Watson 購併了來自冰島的藥廠 Actavis 並以此取代 Watson 名稱。之後購併 Allergan，又以 Allergan 名稱取代 Actavis。趙宇天倚仗著開放的態度布局，終成為全球製藥業霸主。在創業路上不斷攀上高峰的趙宇天，到底如何得以讓自己站上高處，創新再創新？

趙宇天提出許多彌足珍貴的建議給臺灣的年輕人，他不斷強調年輕人盡量學習與秉持：「開放」、「走出去」、「世界很大，別只看臺灣」等等看待世界的態

攝影／陳志亮

度，如此一來，眼界自然打開。回顧過去五十年的職業生涯，關鍵心法是什麼？趙宇天緩緩說出「心有多寬，舞臺就有多大」這句關鍵的話，想要登上巔峰最重要的是抱持開放的視野和胸襟。而他成功的故事，就是這句話的最佳註解。

著眼於多做多學，看到與接觸全面，是創業的成敗關鍵。

在藥廠長大的小孩

一九六四年，趙宇天進入北醫藥學系就讀，他出身製藥世家，舅舅是中國第一個民營藥廠，即新亞藥廠的創辦人；趙宇天的父母來臺後，在臺灣創立新生藥廠，他說：「我是在藥廠長大的。」從小，他就從父母親身上看見了創業的艱難。

趙宇天談起父母對他的教育與成長歷程並未多干涉，他說父母不但給予他開放的眼界，也從未強逼他一定要學什麼，或者選擇走怎樣的路。「進藥學系，一切都是機緣。」他說。他的父親是京都帝大的畢業生，經常跟他分享國外發生的大事，以及討論看法，趙宇天也因為在擁有國際觀的父親耳濡目染下，讓他也養成不同於他人觀看世界的角度。他的母親當年原本要到法國留學，因為抗戰爆發不能成行。趙宇天回憶著說：「他們很鼓勵我出國。」母親可能因為自己失去深造的契機，因此只要有機會，母親都會讓他接觸國外的新事物。上大學之前，他就清楚知道，外面還有一個更大的世界。

大學時代，影響趙宇天最大的是同學。聊起昔日的大學生活，「課堂之內的不太記得了」他笑著說。趙宇天印象較深的大學生活，大部分時間就是打球、打牌。尤其打橋牌，趙宇天打得精準，曾跟同學打到大專盃第二名。談到這一段歷史，趙宇天並未太沉湎於他獲得的殊榮，他只是淡淡的說：「打牌不是贏就好，參與比贏輸重要。」這是他的生活態度與哲學。接著，他又提及：「大學時代才有機會感受團隊的重要。」所有事情大家一起做，玩也一起玩，也因為經歷大學團隊生活的薰陶，日後進入職場的趙宇天，自然而然學會如何跟一群人一起做事的重要性。

大學畢業後，趙宇天赴美求學，拿到普渡大學製藥工程博士學位，他最有興趣的一門課，就是製藥工程的理論與實務。他很早就投入轉譯醫學，研究如何把最新的製藥理論，變成能夠實際大量生產而救助病人的藥品。

做一名基層研究員是重要的決定

趙宇天的職業生涯裡，第一個關鍵決定是選擇進入一家小公司就業，這麼一做，就是十年。我請問趙宇天：「拿到博士學位，為什麼不回家接班？」因為只要他買張機票回家，馬上就能接掌家中的藥廠。他說：「當年很多藥廠找我去。」但，趙宇天不選擇高薪、工作穩定的大藥廠，卻選擇一家小藥廠的原因，是因為這家小藥廠重視研究，而不是重視產品的發展。趙宇天特別選擇從不受藥廠重視的產品研究發展部門，自一名研究員做起，一路做到主管級位階。

「這是一個很重要的決定。」他回憶著說。當年選擇留在美國就業，就是為了要多做多學，如果留在大公司，雖然工作穩定，但是看不到、也接觸

照片提供 / 趙宇天

不到一家公司的全面。儘管藥廠不重視產品發展，卻給他更多的歷練與機會。

趙宇天說道：「我在進行產品研發的時候，必須跟研究的人多合作。如果自己覺得東西很好，別人怎麼都做不出來，就要努力做出成品給他看。」他的工作不只要能跟研發部門的人接軌，研發藥品時，要用針劑還是水劑，或者考量應用什麼形式會更好，必須得深思熟慮藥品投入臨床實驗的狀況。他接著說：「為什麼要做臨床，就是要顧慮病人用藥好不好用，方不方便用。」然後，再做深一層的考慮。除此之外，也必須瞭解市場才能懂得怎麼設計產品。他說：「效果再好的藥，沒有市場就沒有用了。」發展產品又要懂成本，趙宇天因此開始接觸藥廠財務，以及藥品生產的實務。「接觸面非常大！」他分析說，這十年工作的基礎影響，和他後來創業有非常緊密的關係。

照片提供／趙宇天

父親資金的即時挹注

工作十年後，一則新聞觸發他創業的動機。「八〇年代初的時候，美國國會為了學名藥開放的事辯論，藥專利期過期後，如何使它合法變成藥，簡化它審核的時間和方法。」趙宇天由此思索，藥品是高度管制的行業，政府法規鬆綁將可能帶來全新的機會，美國政府希望藥能夠變便宜，才可以帶給產業全新的商業機會。他說：「藥變便宜，對病人也是好的。」

趙宇天於是擬寫出一個計畫，建議公司投資學名藥市場。他回憶著說：「很快就被否決了。研究的公司覺得，這個東西是什麼，根本沒有創新。」後來為了這個計畫，當他返回臺灣募資，也同樣遭受到重重難題，原因是瞭解學名藥商業價值的人，少之又少。趙宇天記得當時父親只問他一句話：「你工作十年，有多少錢？」趙宇天說：「五萬美金。」他父親再問：「你投資自己的新公司

成功的關鍵，除了有形的知識、語文能力，更重要的是有領導者的胸懷。

嗎？」趙宇天回答：「是。」他父親就說：「好，那我投資你。」

在重重的困境與難題終於破解後，趙宇天開始展開他的學名藥新事業。趙宇天與別人創業的模式不同，他的創業第一步不是先急著賺到最多的錢，他反而從人人會做、最競爭的市場著手，立穩事業基礎的第一步。「第一個產品是高血壓、消炎藥。」他說這是很多人都會做的藥，但他從簡單的產品開始，一路培養團隊，練實力、練經驗之後，就開始進軍困難的學名藥。每跨出一步，站穩之後，再跨出第二步。

「華生藥廠做到最後共有三個事業部門，一個是學名藥，第二大是發明新藥，付別人權利金，我接手繼續走下去，直到臨床後，再到上市。加上通路部門，我們是全美國第四大通路商。」趙宇天說。華生藥廠快速崛起，購併也是關鍵。他打比喻說，開公司就像種一盆花，光是自己種得好還不夠，就好像一家打開了市場的公司做出規模當然不錯，但如果能夠學會「插花」，把其他有潛力的公司購併進來，截長補短，公司的發展才會一飛沖天。

趙宇天在談及自己創業歷程時，看到當時學名藥市場開放的商業機會，已在美國製藥業工作十年的他，天時和地利都有，加上嚴格的自我紀律要求，終於創業成功。他的辦公室書架上經常放著《孫子兵法》，這本書深深影響他，趙宇天苦思經營策略時經常拿出來翻閱。他認為這本書對有興趣思考商業策略的自己，賦予不少的啟發性。

購併是一門社會文化學問

回到企業購併的問題，趙宇天表示，購併是要讓原來的公司老闆讓出主導權，一個臺灣來的移民，如何克服文化障礙，讓別人心甘情願跟你合作？他分析說，在美國做生意，不只英文要好，還要有「共同語言」，才能真正融入美國社會。「談話你要談什麼呢？」他分析說，在美國社會，不同階級、不同背景的人都關心體育，剛認識的生意夥伴，一談起各種賽事最近的狀況，彼此關係馬上就會拉近。

趙宇天更深一層看購併的問題，他深刻瞭解美國團隊合作的文化深植人心，能幫助別人的人自然會受到尊重。他說：「為什麼有的公司願意被我併購？你是股

照片提供／趙宇天

東，我也是股東，那麼，大家就一起合力做呀！」有一次，他要購併一家和自己一樣大的公司，另一家競標的對手，規模更大，出價更高，但對方最終選擇和華生合併，轉折的關鍵就在於，對方看到趙宇天關心員工，甚至主動幫員工的家人找醫院床位，因此，對手相信他也會善待被購併公司的員工，於是便放心把公司交給他。

商場上的合作就像打籃球，趙宇天說：「如果你都要贏，那誰輸呢？假設你先贏，我後贏，如此的心胸才寬大；如果球賽一逕我贏你輸，誰又要跟你玩呢？」購併公司如此，帶領不同文化背景的人共事也是如此。他舉籃球為例，像 Kobe Bryant 是籃球巨星，一個人縱橫全場，但單靠一個人打，球隊是不會贏球的。

趙宇天藉此比喻領導也是同樣的道理。要觀察每個人不同的特點，看人不要只看到他的缺點，更要運用他的優點。他說：「我就像公司的教練，我的任務就是要讓我的隊伍強大起來。」、「要做到這一點，你的心胸就要大一點，要容忍人家，你的心胸有多大，舞臺就有多大。」

趙宇天成功的關鍵，除了有形的知識、語文能力，更重要的是有領導者的胸懷。做一個創業者，於五十年的職業生涯道路上，除了必須包容外界的偏見、部屬的疏失、合作夥伴的要求外，並且要把別人眼中沒有價值的人事，組織成潛力無窮的團隊、生產優良的產品。趙宇天不追求每一次都要自己贏，也要讓別人贏，因為這一點的體悟，讓他得到別人難以想像的大成就。

攝影／陳志亮

堅持開放的態度迎向各種挑戰，

成全球製藥業霸主。

《孫子兵法》

春秋孫武撰

推薦原因

「商場如戰場」，《孫子兵法》裡的許多智慧話語，和商場經營的實戰經驗，常有互相印證之處。例如，孫子提出評估戰略勝敗時，要看最關鍵的「五事」:「道、天、地、將、法」，道就是方向，天地指的是天時和地利，將指的是領導者，法指的是紀律，這五個要素都具備了，就有機會勝出。

趙宇天的書房祕境

內容簡介

古兵書之一，內容分析戰爭形勢，探討軍事作戰策略、方式，為百代談兵之祖，被推崇為兵經。注本甚多，宋吉天保集何延錫、張預等十家為孫子十家注。

攝影 / 林衍億

穩中求變　走出學名藥廠新格局

永信國際投資控股股份有限公司董事長　李芳全

永信藥品是臺灣學名藥龍頭，創辦人李天德的三子李芳全，擁有藥學、法學博士、企管碩士，二〇〇五年銜命接班後，從過去的有機成長模式，走向購併成長模式，致力於原料、藥品、行銷、通路的全球資源整合，目標是帶領永信成為國際級大藥廠。

撰文／謝其濬

每年農曆三月，臺中濱海的大甲，便湧進了絡繹不絕的進香團、信徒，以及看熱鬧的民眾、生意，將小鎮擠得水洩不通。因為小鎮有一座知名的鎮瀾宮，每年媽祖繞境活動，聲勢浩大，場面十分壯觀。

大甲還有另一大年度盛事，就是每年九月中、下旬或十月初，在鐵砧山運動公園開打的永信杯排球錦標賽。

始於一九七四年的永信杯排球錦標賽，是臺灣最大規模的排球競賽，帶動這股排球風潮的推手，正是總部設於大甲、國內第一大的學名藥廠商——永信藥品。

創辦人李天德，出身貧寒，當過麵包店學徒，曾遠赴日本大阪，在文具店做批發送貨的工作，返臺後，在大甲街役場（即現在的區公所）擔任公職，幫忙推行環境公共衛生、控制傳染病，同時也幫地方居民在家中放置藥包，定期巡察藥品的使用情況。

因為觀察到了市面藥品奇缺的狀況，李天德嗅到了商機，在一九五二年開設了「永信西藥行」，進入藥業後又有自行製藥的想法，便在一九六五年創辦了永信藥品，之後又陸續成立了永日化學、永甲興業等子公司，產品線涵蓋了藥品到動物用藥品，一直到化妝品和保健食品，原料藥、特用化學品等，形成規模龐大的永信集團。

二〇〇六年，李天德過世後，永信便進入第二代集體領導。接班的李家四姊弟，在二〇一一年成立投資控股公司，完成分業不分家的布局。

目前擔任永信國際投資控股股份有限公司董事長的李芳全，是李天德的三子，他要如何帶領這家老牌家族企業穩中求變，在學名藥的紅海市場中，走出新的格局？

照片提供 / 李芳全

北上轉學北醫大

受訪時，西裝筆挺、身形頎長，一九五六年出生的李芳全，除了有著企業家的犀利，也帶有幾分學者氣質。

接過他的名片時，目光不免多停留了幾秒鐘，北醫大畢業的他，不但是美國明尼蘇達大學藥物化學博士，還擁有東海大學企業管理研究所碩士、交通大學科技法律研究所碩士等學位，學歷相當漂亮。

「其實，我大學最早不是念北醫大，而是中興大學水土保持學系。」李芳全透露。

他說，父親對孩子的教育還算開明，加上他不是長子，並不要求他一定要去念醫藥相關科系，當年升學的趨勢，就是男生一定念理工組，他也不例外，考上了水土保持學系、念了兩年後，他毅然轉學，原因跟女朋友有關。

當時同校的女友（後來的太太）轉到了臺北的中興法商學院，他為了捍衛愛情，也跟著轉學到臺北，他一直很喜歡化學，而藥學系有不少化學科目，很對他的胃口，家裡對於他念藥學系，自然也是樂見其成。

當逆境來臨時，悲觀的人只會抱怨，但是樂觀的人會找出解決方法。

李芳全在自己感興趣的科目上，就會認真去讀，表現很不錯。像他剛轉到藥學系時，同學對他還不熟，第一次有機化學考試，因為成績名列前茅，眾人紛紛探聽是何方神聖。至於沒有興趣的科目，他連課都不去上，不過，靠著「筆記組」的貢獻，考前臨時抱佛腳一下，成績通常還是會過關。

他大學生活的重心，主要還是在體育活動上。「我進北醫大，報到的第一站不是藥學系，而是體育組，後來最熟的也不是藥學系的老師，而是體育老師。」李芳全笑道。父親年輕時愛打排球，全家人都繼承了他的運動細胞，李芳全在北醫大就讀時，同時擔任籃球、網球、排球校隊，精力過人。他說本來桌球隊也向他揮手，但是他已經分身乏術，抽不出時間了。

「大學，就是『由你玩四年』。」李芳全不諱直言。他從正面角度來詮釋，所謂「玩」，就是做自己喜歡的事，樂在其中，不用別人督促，就會主動去做，而且做得有聲有色，所以他現在面對年輕員工時，常會問他們：「你覺得工作好玩嗎？」根據他們的興趣，擺對位子，如此一來，通常也會有比較好的表現。

不服輸性格促成出國契機

李芳全坦承，年輕時做很多決定，通常沒有想太多，動機其實很單純，像他是為了女友而轉學，北上念北醫大，後來又去念臺大藥學研究所，除了留在他所喜歡的領域繼續學習，最大的原因是，如果不再念書，就得回家裡工作，而他還想再多打幾年球。

他能考上研究所，後面還有個小插曲。考試科目有三科，他因為前兩科考不好，第三科他也不想考了，決定回宿舍休息，結果室友跟女朋友吵架，他只好回去考試。或許是心放開了，最後一科生物化學他考起來特別得心應手，洋洋灑灑寫了十張試紙，拿到了七十幾分，總分是一百四十五分。

當時臺大藥學研究所規定，總分要一百五十分才能錄取，本以為上榜無望，然而那一次考試，臺大藥學系的應屆畢業生考得不理想，成績最高的還小輸李芳全零點五分，所方為了能夠有自家的應屆畢業生，就連李芳全也一併錄取，連他都認為自己十分幸運。

服役時李芳全在衛生勤務學校當教官，同儕幾乎都是臺大畢業生，大家白天當教官，晚上就汲汲營營地準備留學考試，個性不服輸的他受到了刺激，索性也跟大家一起準備考試，促成了他出國留學的契機。

李芳全在北醫大時，成績雖不是非常理想，不過，上了臺大藥學研究所後，就變得非常用功，不論是藥物化學、有機化學的實力都非常強，加上他在高中時念的是甲組，物理底子也不錯，整體表現優於一般藥學系畢業生，因為他又當過排球校隊的隊長，有領導統御的經驗，靠著這些優勢，順利申請到美國頂尖的明尼蘇達大學藥物化學研究所博士班。

「我很清楚，自己沒有工作選擇的權利，一定是回家裡工作。」李芳全不諱言的繼續道：「我會去念博士，不是為了走學術研究，而是考慮到未來會帶一群博士級的團隊，如果自己也是個博士，多少會是個加分。」

攝影 / 林衍億

到中國大陸負責建廠

企業第二代總給一般人含著金湯匙出生、坐享家族事業的形象，不過，李芳全說得坦白：「其實我們很辛苦，如果做得好，大家覺得是理所當然，如果做不好，就會被看成敗家子。」

在美國念完博士後，李芳全又做了一年博士後研究，便返回臺灣，在永信的研發部門擔任主管，後來又被指派到集團中另一家藥廠工作。

他回憶起剛從美國念完書回來時，曾經跟中華民國製藥發展協會前往中國大陸，從上海、南京、北京，一直到瀋陽，把所有重要的藥學發展中心都走過一遍，他觀察到中國的研發實力強大，各地人才濟濟，只是沒有足夠的機會可以發揮長才。

因此，他向公司提議，重點栽培當地五十位藥學相關的大學教授，作為公司未來征戰全球的研發部隊。不過，當時公司還是把建廠當作首要之務，於是從一九九六年到二〇〇一年之間，他就負責在中國處理建廠事務。

已經念了一個博士的他，似乎覺得學位還不夠多，又在東海大學

藥品工業是一個跟法令高度相關的產業，
除了奉公守法，還要知法、用法。

念了一個企管碩士，論文寫的就是跟臺商西進有關。他認為，臺商不應該只是賺中國大陸市場的錢，而是應善用當地的資源和人才，再以產出的智慧結晶，進軍世界其他市場。因此，他的論文中，有這麼一段話：「頭在臺灣，身在大陸，雙手雙腳伸向全世界，把錢賺回來。」

他認為，雖然最好的時機已經過了，即使是現在，如果能夠好好運用中國大陸的人才，還是很有機會。

銜命接班，推動組織變革

會成為永信集團的領導人，對李芳全來說，是個意外的安排。

他說，父親原本屬意大哥李芳裕接班，但是大哥有他的個人生涯規劃，卸下這個位子，在大陸工作的他銜命接位，二〇〇五年正式接下永信藥品的董事長。

永信向來就以學名藥為開發主軸，希望提供國人安全有效且經濟的藥品。「現在做學名藥，未來十年、二十年，還是做學名藥。」李芳全強調說。他專攻藥物化學，並不是不懂新藥研發，然而做新藥的成本太高，一旦失敗而造成虧損，他很難跟全集團三千多名員工交待。

李芳全認為，他所做的創新，比較是在管理方面，像他在公司推動電子表單，讓公文流程更有效率，而且也減少紙張的浪費，比較環保。他坦言：「製藥業是傳統產業，而且我們是老牌藥廠，推動改革並不容易。」即使是推動電子表單，也會面對很多阻力，面對員工的意見，他的作法就是直接溝通，十之八九他都能說服對方。

他最大的創舉，則是在二〇一一年成立投資控股公司，在國內製藥界可以說首開先例。

他特別解釋說，因為永信旗下產品眾多，一家藥廠出問題，可能會連動影響整個集團，成立投資控股公司，有助於分散風險，也透過購併的方式打群架，從過去的有機成長模式，走向購併成長模式。

李芳全舉以色列 TEVA 藥廠為例，該公司收購東歐原料廠、在以色列製藥，再賣到全球學名藥最大的市場美國創造利潤，已成為全球最大的學名藥藥廠，而永信如果不跨出去，有一天也可能會被併掉，因此永信以 TEVA 為標竿，讓旗下子公司各自進行產業合作、增資或公開上市，積極轉型為區域型或全球型藥廠。

李芳全要在企業組織上進行變革，當然不是件容易的事情，而且永信是家族事業，手足之間有親情牽絆，要心平氣和進行溝通，其實更難，後來他想到一個方法，

照片提供 / 李芳全

就是透過電子郵件來對話。

「用寫的，好處是可以一邊寫，一邊整理思緒，要講的事情，也不會遭對方打斷。」李芳全指出。而一封信寫完後，可以同時傳給所有利害關係人，不必再一一說明，也比較有效率。

懂得法律才能保護自己

提到父親李天德的影響，李芳全舉了六個字：守法、知法、用法。

「藥品工業是一個跟法令高度相關的產業。」他表示，父親一輩子奉公守法，但是在這一行討生活，也要懂得法律，甚至要透過法律來捍衛自身權益，像他父親曾經因為發票的問題，去打行政訴訟，而法院後來也判他贏。

父親的啟發，加上實務上的需要，李芳全便去交通大學科技法律研究所念碩士，愈念愈感興趣，後來又到北京政法大學念博士，求學毅力相當驚人。

李芳全自認不是個愛念書的人，只是當有知識的需求時，靠著自己進修，通常撐不過幾天就會放棄，回學校念書，有教授逼著自己寫報告、準備考試，才會認真去念書，也才真的能獲得所需的知識。

他在交大念碩士時，正好也因為投資獎勵條例的事，跟財政部打訴訟，自己還上台結辯，最後也是贏了。

已經有三個碩士、兩個博士學位的他，似乎還意猶未盡，想再念一個企管博士，連論文主題都已經想好了。「不過，我太太已經明令禁止，要求我不可以再念了，因為我念書時真的很認真，沒有時間理她。」李芳全笑道。

不論是在求學，或是在工作上，李芳全總是全力以赴，他認為這跟天生的樂觀個性有關。「身處順境時，你是悲觀或樂觀，影響不大；但是當逆境來臨時，悲觀的人就只會抱怨，但是樂觀的人就會

攝影／林衍億

找出解決方法。」

因此，即使學名藥市場競爭激烈，他仍樂觀相信，隨著永信完成原料、藥品、行銷、通路的全球資源整合，將有機會在學名藥的紅海市場中，開闢出一片藍海。

攝影／林衍億

做生意不應只以賺取所在市場的錢為目的，
而是善用當地的資源和人才，
再以產出的智慧結晶，進軍世界其他市場。

《人生的光明面》

諾曼・文森

推薦原因

我看的書太少了，只有這本最勵志！人生酸甜苦辣，每人不同，各自體會了！

年輕人面對人生的抉擇，悲觀相對困境時，理智及思維皆混亂，將愈陷愈深，無法突破困境；反之，樂觀以對，則心思沉穩，可以理智地尋求方法突破困境，果若時運不佳仍然不如人意，至少活得快樂，容易東山再起！

李芳全的書房祕境

內容簡介

本書原名《積極思想的驚人效果》，作者皮爾博士以平凡人的境遇作為實例，為平凡人打氣。以真人實事激發人們向善的志氣，面對人生的挑戰，勇敢奮鬥。

攝影／黃鼎翔

攜手同窗好友　共譜「班友」佳話

傑奎科技股份有限公司董事長　劉宏志

學生時代愛打橋牌、擅長收集考古題的劉宏志，畢業後返鄉七年，重出江湖，成為「班友」第七位成員，他和同窗好友秉持公平共享、犧牲奉獻的精神，攜手走過四十多個年頭，成就了臺灣藥界的一段佳話。

撰文／謝其濬

學生時代，跟你一起上課的同學，後來成為一起創業打天下的夥伴，而且情誼維持超過四十年，這樣的際遇，可不是每個人都碰得上。

創立於一九七四年，由九位北醫大藥學系校友組成的「班友」，從「班上的朋友」變成「上班的朋友」，一路走來，始終相挺，從未分家或惡言相待，成就了臺灣藥界的一段佳話。

班友從醫療耗材的經銷代理與銷售起家，陸續延伸出順天堂、寶齡富錦和傑奎等三大事業體，涵蓋了藥品、藥材、中醫藥、醫美、保健食品等領域，是極具同業號召和影響力的生技製藥業集團。

「一開始，班友的成員其實是六位，我在班友成立後的第二年才加入。」目前擔任傑奎科技董事長的劉宏志透露，藥學系畢業後，他返鄉在父親的醫院工作多年，因緣際會下，跟老同學謝德夫重新搭上線，成為班友的第七位成員。

劉宏志從班友中區的業務做起，後來又回到臺北總部當業務經理，一直做到了內勤副總經理，後來掌管班友旗下子公司傑奎和怡健（已併入合作美國原廠巴德公司

攝影／黃鼎翔

C. R. Bard），目前已逐漸交棒，過起快樂的半退休生活。

身材瘦高，留著泛白的絡腮鬍，一身便裝的劉宏志，帶著幾分性情中人的氣質。相較於事業上的成就，劉宏志更津津樂道的是，從學生時代延續至今的好交情，除了班友成員，創設華生藥廠、泰福生技公司的趙宇天，以及創設上市公司美時藥廠的張錦鎗，都是他的同窗好友，難怪他強調：「北醫生涯的最大資產，就是這群革命友伴。」

來自埔里的醫生之子

小鎮埔里，以好山好水聞名，是劉宏志的故鄉。

父親是醫師，母親是藥師，而且都曾經留學日本，生為家中獨子的劉宏志遺傳了會念書的好資質，即使父母忙於工作，無暇顧及他的功課，他小學成績仍非常優異，五年級就念完六年級的課程，本來想跳級考初中，不巧那一年取消跳級考，他只好乖乖地再多念一年。

以劉宏志當時的成績來看，考上好學校似乎是理所當然，卻在聯考前一晚，在臺中旅社住宿時高燒不退，父母親不在場，由其他一起補習夥伴的陪考父母，五位醫師來幫忙急救。不過，即使如此，他仍然幸運地名列前茅考進臺中一中。當年交通不如現在方便，埔里到臺中要三小時車程，不可能通勤，只好住校，睡的是大通鋪，衣服還要自己洗。初中之前，劉宏志未曾離家在外，剛開始過團體生活時，還真是有點難以適應。

臺中一中校風開放，學生都很有主見，成績好壞倒是其次，或許是受到同儕的

重視孝道與家庭，才使得事業有堅實的後盾與圓滿。

影響，劉宏志變得不怎麼愛念書，成績單經常是滿江紅，不過他卻是老神在在。喜歡畫畫的他，大學第一志願其實是成大建築系，只可惜分數未能達標，讓他十分扼腕。

父親是醫生，難免也期待他未來能承繼家業，但是劉宏志很清楚，從醫不在自己生涯的選項上。他解釋，初中聯考時，父母都要忙醫院的事，無法陪考，他只能獨自赴考場，這件事對他衝擊很大：「對醫生來說，就是病人最重要，家庭也好、小孩也好，都是次要的事。」

而且，身為醫生之子，對於醫生的日常生活作息，他有深刻體會：「我父親每天都要面對眾多愁眉苦臉的病人，真是非常辛苦。」因為不想過跟父親相同的生活，即使大學聯考的成績可以上另一所學校的醫學系，他還是選擇了北醫大藥學系就讀。

租屋處是「考古題中心」

因為個子高，在班上有「落腳仔」綽號的劉宏志，就讀臺中一中時，就在籃球校隊打球，進入北醫後，也是把藥學系當成體育系來念，打球的時間多過念書，不過他對考試很有一套，租屋處有「考古題中心」之稱。

原來，北醫大早期很多艱深科目的師資來自臺大，由於臺大比北醫早一個星期考試，剛好他也有高中同學念臺大，可以幫他蒐集考題，因此考前很多人會來「考古題中心」求助，至少可以低空飛過。劉宏志透露，曾經有人很天才，考前當天才來問會考什麼，他提供五題保證及格，對方居然嫌多，只求三題就好。「不過，那位同學後來成了事業有成的大老闆！」他笑道。

在公布考古題之前，劉宏志還有個儀式，就是會先打個橋牌穩定軍心。「初中一年級時，就有親戚教會我打橋牌，因此，臺中一中、北醫大的橋牌社，都是我創辦的。」他透露，從高醫轉學過來的趙宇天，是他大學時期打橋牌的最佳拍檔，兩人每個星期三會去聯合報參加橋牌輪台賽，每贏一場可累積點數，到達一定的點數就可以當國手，據劉宏志說，他和趙宇天幾乎可以拿到國手資格，只是後來兩人決定，還是安份當個學生就好。

劉宏志就讀的藥學系第四屆是畢業後不必國考，就具備藥師資格的最後一屆，在沒有壓力的狀況下，劉宏志坦承自己四年都是快樂學習，天天在玩。不過，他

2001世界藥學會長參訪上海聯合　照片提供 / 劉宏志

十分感念當時的系主任徐型堅，他說：「他總是鼓勵我們，藥學系學生對於生理、生化、病理、公衛都能融會貫通，是真正的博士。」徐主任對學生期望高，但是要求並不嚴苛，有一次劉宏志的藥學導論只考了五十六分，因為只差這一科就全部過關，他硬著頭皮跑去跟主任討分數，主任還真的就讓他及格了。

重出江湖，加入班友

北醫大畢業後，劉宏志本想到日本留學，因為留學考沒考過，就回到埔里結婚生子，母親原本在自家醫院負責的藥師工作，交給他接手，他在埔里一待就是七年。

隨著父母年紀愈大，病人也愈來愈少，加上劉宏志不是學醫，終究無法真正接掌父親的事業，他心想自己應該要趁年輕，出去外頭闖蕩一番，就主動跟同學聯絡，表示自己要「出關」了。劉宏志人緣好，班友的謝德夫，以及美時的張錦鎗都找他去上班，後來他就選擇進了班友，不過，兩家公司他都投資當股東。

劉宏志說，班友是謝德夫離開外商、找來同班同學創業的公司，剛起步時找不到什麼特別好的藥品，就從石膏繃帶、凡士林紗布等醫療耗材做起，相較於其他藥品代理公司，班友反而走出一條不同的路，是臺灣藥界第一家多角化經營的公司。

草創初期，公司沒請什麼人，基本上就是股東自己跳下去做。中途加入的劉宏志，主跑苗栗到嘉義之間的中部市場。因為班友主打醫療耗材，醫院是很重要的市場。劉宏志不諱言，跟醫生做生意，交際應酬在所難免。「不過，我們北醫大的學生，基本上都是多才多藝，跟醫生『同樂』不一定要喝酒，也可以陪打球、陪下棋。」劉宏志笑道。

當然，從事業務工作，第一步就是要能夠放下身段，自認是「好命囝仔」的他，到班友的前半年有點適應不良，某天心情不好，就開車到六張犁公墓區，靜思關於個人去留，想了好幾個鐘頭，還是決定留下來，繼續打拚。

班友代理的醫療耗材是國際大廠的產品，本身就有競爭力，加上班友有九位股

從事業務工作，
第一步就是要能夠放下身段。

東，每位股東各自有其人脈，相互支援，漸漸做出成績，開始培養業務團隊，公司也把劉宏志調回臺北帶人，負責醫療器材和檢驗試劑兩大產品線。

代理起家，打造一片天

隨著業務拓展，班友代理銷售的產品愈來愈多元，為了市場區隔，便根據不同的產品，陸續成立子公司，像成立於一九八二年的傑奎，就是代理國外知名品牌的人工關節，不但在國內是先驅者，在巔峰時期，還做到了市場第一。

劉宏志說，代理國際大廠的產品，優點是產品通常已經過國外市場考驗，品質不可能太差，而且原廠還會提供相當完整的產品資訊和訓練，對於開發市場，更是一大加分。不過，代理商往往難逃兩種下場，一是做得太差，遭原廠收回代理權，或是做得太好，原廠也會收回去，另外成立子公司自己做。

「除非代理商深耕市場，嚴密到原廠根本打不進來，不過，這實在太困難了。」劉宏志感嘆，所以班友有些子公司就賣給原廠，或是像傑奎，在代理之外，也跨足骨科醫療器材的研發和生產。

班友集團中，比傑奎成立更早的寶齡富錦，始於一九七六年，初期做學名藥代理，後來再切入醫美保健等市場，也做出不錯的成績。由於寶齡富錦以銷售學名藥及健保藥為主，在健保不斷砍價下，公司即使賺錢，但利潤還是有限，二〇〇一年起，寶齡富錦決定投入腎臟病新藥的開發，該藥品是臺灣第一家通過美國、日本食品藥品監督管理局審核的新藥，在此兩國都有不錯的銷售成績。

另外，班友在一九八七年由許鴻源教授家族邀請加入老字號順天堂的經營管理，跨入科學中藥的領域，從此完整建立涵蓋醫材、西藥、漢方藥的集團版圖。

重視孝道，感謝太太的傳統

在爾虞我詐的商業戰場上，班友成員攜手共進四十年，如今仍能維持深厚友誼，可以說相當難得。

劉宏志認為，九位班友各有自身專長的領域，遇到意見不同時，也能彼此尊重、互相包容，特別是公司最大推手謝德夫一錘定音，只要他開口，大家都會支持。

外人較不熟知的是，班友非常重視孝道，每年都會幫九位成員的父母過生日，表示感恩之意。「直到今天，還有兩位成員的父母健在，都是百歲人瑞了。」劉宏志透露，另一個不成文的傳統，則是為了感謝太太的付出，讓先生們可以無後顧之憂，在工作上全力打拚，因此每年至少一次招待太太出國旅遊一趟，可以說是把「上班的朋友」，更昇華為家族般的生命共同體。

劉宏志自認受到生長環境的影響，不

1997劉宏志賢伉儷參加藥4畢業30週年LA愛之船

照片提供／劉宏志

1998榮任北藥文教基金會第3屆董事長　照片提供 / 劉宏志

像其他人那麼會做生意，不過，因為從學生時代就喜歡交朋友、廣結善緣，因此在班友中，他比較扮演的是居中聯繫、調和鼎鼐的角色。後來擔任內勤副總經理，因為工作需要而接觸了財務，甚至還去上企管班進修，目前在傑奎，他也是以財務管理為重。

提升臺灣藥師的國際能見度

熱心公眾事務的劉宏志，曾經出任第十三屆臺北藥師公會的理事長，對於提升臺灣藥師的國際能見度，不遺餘力。

他指出，前一任理事長是躍獅藥局的創辦人王文甫，理念非常清楚，就是要推動「醫藥分業」，他在王文甫擔任理事長時，便受邀為國際事務委員會的主委，在一九九八年策劃舉辦「三城計」藥學學術研討會，邀請東京及首爾姊妹會齊聚臺北市，互相討論當時的醫藥分業政策及執業環境，並研議開創新局的構想，對於各國推動醫藥分業的成果，有目共睹。

在他擔任藥師公會理事長時，二〇〇一年九月更進一步把臺灣藥界帶到世界藥學會的會前會，在新加坡與世界各國藥界領袖共同探討「醫師與藥師如何共同創造價值鏈」，緊接著會後在臺北舉行第二屆「三城計」藥學學術研討會及亞洲藥事職業論壇，積極跟亞洲藥學會、世界藥學會等國際組織互動，藉此厚植臺灣在國際藥學組織中的實力，加強藥師國際觀，並增進學術經驗。

「我的風格，比較不是自己一個人出頭天，而是串連一群人，把事情做好。」

劉宏志強調，不論是在班友、在藥師公會，或是參與北藥文教基金會，募款幫助年輕學子，他都是默默貢獻。他堅定地說：「讓北醫藥學系第四屆在藥學系發光、讓藥學系在北醫大發光，讓北醫大藥師在臺灣藥界發光，讓臺灣藥師在世界發光，就是我最大的心願。」

攝影 / 黃鼎翔

積極與他國建立跨國合作關係，
引領台灣藥師邁向國際舞台。

Chapter 3

革命式的創新

就商業來說，革命式創新指的是提供新產品或新服務，進而帶動消費行為的改變；對人生來說，是指採用新功能和有力的方法開發自己的潛能。

攝影 / 陳志亮

臺灣生醫產業一姊　打造針劑產品領導品牌

南光化學製藥股份有限公司總經理　王玉杯

王玉杯因為婚姻而走入製藥工業，將公公交棒的南光，從領先打造GMP廠房，到引進亞洲第一部無塑毒PP輸液軟袋充填設備，透過持續的創新與轉型，打造出醫藥界無人不知的「點滴王國」。

撰文／謝其濬

提到注射針劑，一般人都不會太陌生，發高燒或拉肚子時，醫師經常會安排打點滴的醫療處置，透過靜脈注射的方式，達到最快的藥物治療效果。

你可能不知道的是，臺灣針劑藥廠龍頭，是位於臺南新化區的南光化學製藥公司，而且還是一家擁有超過五十年歷史的老字號藥廠。

南光化學製藥前身為南光藥廠，不以常見的學名藥切入，反而以高技術門檻的注射劑起家，這跟創辦人陳旗安獨到的商業眼光有關。

日治時代當過藥房學徒的陳旗安，戰後繼續從事藥品銷售的工作，他發現，當年民間雇員平均收入不過三百多元，外商藥廠生產的注射劑就要價一百二十元，而且還供不應求，顯然很有市場潛力，觸動了陳旗安決心投入生產本土的抗生素製劑。

一九七〇年，一位甫自大學畢業的年輕女性成了陳旗安的媳婦，也扛起了他事業轉型經營的大任。在她的掌舵下，南光展開了一連串的轉型，不論是從德國引進自動化生產設備，俗稱的點滴瓶，從不斷回收再利用的玻璃瓶裝，邁向一次性使用的塑膠瓶，或是成為國內第三家全面導入 GMP 的本土藥廠，以及引進全亞洲第一部非 PVC 全自動軟袋充填設備，不但打造了臺灣最大針劑製藥廠，也成功敲開了

攝影／陳志亮

日本市場，甚至還進軍美國市場。

在「二〇一六年臺灣生醫產業十大女掌門人」的網路票選活動，這位女性位於榜首，說是生技產業一姊，絕對當之無愧。她，就是南光化學製藥總經理王玉杯。

溫馨感恩的童年

王玉杯是臺南的女兒，父親雖然只有小學畢業，靠著個人的努力，當上了中醫師，母親則做裁縫貼補家用，在當時的社會環境，家中經濟狀況並不寬裕。王玉杯是家中的老么，上面還有一個姊姊。「我小時候身體非常不好，到了五歲都還不會坐。」她回憶道。有時候姊姊揹著她出去玩，中途把她放著不管，年幼的王玉杯滿地亂爬，差一點爬到水溝邊去。

家裡的經濟狀況一直未見好轉，住處可以用空空如也來形容。「讀小學時，家裡連桌子都沒有，我和姊姊都是把功課放在大腿上來寫。」王玉杯透露童年的家庭景況。因為房子太小，也沒有廁所，每次想上廁所時，還得跑到附近市場的公廁，而且還要等到都沒有人了，才敢進去使用。

王玉杯從小功課就不錯，數理是她的強項，老師都對她很好。王玉杯有幾分俠義心腸，看到有老師對於家境不好的學生有差別待遇，她就會打抱不平，覺得人不該有貴賤之分。她後來在南光跟員工相處，也總是平起平坐，絕不會因為老闆的身分就自覺高人一等。

不斷突破、自我要求，以及精益求精的技術本位，是企業生命的續航力。

當年念藥學系，畢業後不必通過考試，就有藥師執照（王玉杯苦笑說很不巧的是，到了她那一屆，制度改變，需要通過考試才有藥師執照），等於就有工作保證，在母親的交待下，王玉杯填大學志願時，就以藥學系為主，而且她除了四所學校的藥學系，再加一個臺大護理系，前後只填了五個志願，可見得她對自己的實力還頗有信心。

結果，大學聯考時，她一路考下來都非常順利，在考化學時，一看占二十分的應用題，是平時經常演練的題目，自信滿滿的她，就先去做是非、選擇題，得到答案之後，她還花時間驗算確認，因為花了太多時間驗算，最後要做應用題時，只剩下五分鐘，根本來不及了。就因為這一時輕忽，原本自信可以成為臺大藥學系榜首的她，考上了第二志願北醫大藥學系。

回想當年的大意失荊州，王玉杯語氣中還留下幾分懊惱：「我就跟自己嘔氣，整個暑假都躲在家裡不見人，對於沒考上第一志願，我一直耿耿於懷，因此進了北醫大後，也常關門自守，悶悶不樂。」

奉母命相親，成為南光的媳婦

當了大學生後，王玉杯仍不改純樸本色，作息基本上是在教室、實驗室、宿舍之間移動，沒有參加任何社團活動，也是花邊新聞的絕緣體。

「上臺北前，母親就對我耳提面命，婚事她會替我做主，在臺北要安分守己，不要亂交男朋友。」王玉杯坦言，一向聽話的她，自然就謹守母命，即使有人找她參加派對、約她吃飯，她一概敬謝不敏。

王玉杯在臺北最初是住宿舍，後來租房子住，因為單純乖巧，晚上就是乖乖待在房間做功課，不會拚命往外跑，因此房東相當疼愛她，她畢業時，房東甚至還訂製戒指當禮物送她。

大三暑假，王玉杯本來要去淡水的檢驗所實習，母親突然下了一道旨令，要她返回臺南一週，七天安排了七場相親，第一天就是南光製藥陳家的少主，地點選在當時的臺南天仁兒童樂園。

相親當天，陳旗安對這位未來的媳婦非常滿意，立刻採取行動，王玉杯和家人才剛到家，媒人婆就來叩門，問王玉杯意見如何。當時她也不知道該如何回答，只能默不作聲，於是媒人婆二話不說，當下就提親：「那麼，我們就週六訂婚。」

原訂七場相親，第一場才結束，王玉杯就花落陳家，之後的六場只好全部喊停，本來排在第二天的男方母親興沖沖來拜訪，才知道大勢已定。

「我週一相親，週六訂婚，然後我公公就要我跟學校說，暑假實習改為在南光。」王玉杯說得坦白，公公就是希望有個藥學系出身的媳婦，可以為家族事業助一臂之力，敲定婚事才會那麼有效率。

王玉杯大三訂婚，回北醫大念完大四的課程，畢業後就正式嫁入陳家，王玉杯便以長媳的身分接掌了南光，而她後來也不負重任，繳出了亮麗的成績，證明了她公公的確很有看人的眼光。

投入無塑化劑 PP 輸液軟袋生產

早期曾經是生產動物注射藥劑的南光，當年不論是技術、設備都算相當簡陋。由於王玉杯是藥學科班出身，公公就把事業交棒給她，從調劑到最終

照片提供／王玉杯

產品檢驗，全由她一手包辦。

王玉杯不諱言，南光早期製藥，靠的是土法煉鋼，她接下南光後，一步步地推動創新變革，先是買地蓋廠房、購買自動化生產設備，除了聚焦於生產人類適用的藥劑，點滴瓶用的材質，也完全以塑膠瓶取代玻璃瓶。

由於塑膠瓶質地偏軟，為了維持品質良率，生產過程及製造技術必須更穩定。而且大型輸注液的生產過程，必須嚴格遵守全程無菌作業，才不會在注入人體後，產生來自細菌、黴菌或濾過性病毒的發燒反應，甚至連作業員的人體微屑都不能掉落，標準相當嚴格。

由於王玉杯率先投入自動化生產，南光很快就超越同業，成為臺灣點滴市場的龍頭。然而，她並沒有因此停下創新的腳步，除了導入 GMP，還重金禮聘美國專家，率先執行無菌注射液確效計畫，以全面提升藥品品質。

一九九六年，南光又做了讓同業跌破眼鏡的創舉，從德國引進

精準的眼光與改革創新的精神，

是企業邁向國際舞台的羅盤。

照片提供／王玉杯

了非 **PVC**（**Polyvinyl chloride**，聚氯乙烯）軟袋製袋充填機，全面採用無塑化劑的 **PP**（**Polypropylene**，聚丙烯）軟袋做為下一代點滴封裝的材質。

王玉杯指出，**PVC** 材質成本比較低，其在成型過程中必須添加塑化劑 **DEHP**，**DEHP** 對人體有害，也會造成環境污染，相較之下，**PP** 軟袋材質具有重量輕、無毒、與藥品相容性好、藥品安定性佳、減少廢棄物處理量、燃燒不產生戴奧辛等優點，唯一的缺點，就是成本比較高，但是為了病人用藥安全及環保的需求著想，她仍然選擇使用 **PP** 軟袋材質。

成本升高了，產品價格當然也就必須調整，在藥品市場價格競爭下，南光的產品銷量卻無法快速成長。

「我是技術本位的經營者，不是單純以利潤為導向的藥廠。」王玉杯強調，以技術本位來提高醫療品質的經營方針，有時確實會因領先市場，無法馬上就獲利，但是，從長期來說，堅持品質與創新研發，仍是企業成功經營的萬靈丹，最終仍會吸引商機上門。

產品成功外銷日本市場

所謂「失之東隅，收之桑榆」，南光投入 PP 軟袋輸注液產品的生產，雖然在國內沒有創造豐厚的利潤，卻成為打開日本市場的敲門磚。

王玉杯表示，由於南光引進全亞洲第一部全自動 PP 軟袋充填設備，PP 軟袋無毒又環保的特性，正好對上了日本人的胃口，日本藥廠更派人前來參觀，評價非常好，從一九九九年起，雙方展開合作，成為國內首家將 PP 軟袋大型輸注液銷售到日本的藥廠。「在日本，只要提到注射液，他們一定會想到南光。」王玉杯自豪地說。

不過，跟做事嚴謹的日本人合作，也是一大挑戰，只要一個細節沒做好，客戶就會挑剔，有時候還會提出一些瑣碎的要求。比方說，點滴袋上的計量標記，通常是 10 C.C. 一格，但是日本客戶要求 5 C.C. 一格，王玉杯覺得不合理，一來，客戶未能提出臨床上有此需求的證據；二來，5 C.C. 作為計量單位，印刷字距太小，容易印不清楚。如此一來，又給了客戶退貨的藉口。於是，經過她據理力爭，最後對方也讓步了。

照片提供 / 王玉杯

進軍日本市場初期，南光其實沒賺什麼錢，客戶又吹毛求疵，連員工都出現質疑的反彈，但是王玉杯還是堅持要和日本人合作，透過對方的嚴格要求，來提升自身的產品質實力。

事實上，藉著產品外銷日本的契機，南光也開始改變體質，除了擴編團隊之外，還從美國新藥研發公司延攬人才，穩紮穩打地朝國際級藥廠邁進。

技術加持，產品多元又創新

二〇〇六年起，南光再一次進行改造，大破大立地打掉原來的舊廠，興建全新的綜合製劑大樓，並陸續以最高標準興建錠劑產線、無菌針劑產線、自動化軟袋填充產線，以及抗癌用藥產線等。

為了達到 PIC/s GMP 高規標準，王玉杯砸下了三十億興建新廠房、約五個股本之多。「我本身就是技術本位，就一定要先把廠房蓋好、基礎建設都做好，才會開始製造生產。」她強調。

在專業技術的加持下，南光近年來積極發展抗癌、急、重症用藥，產品多元又符合流行病學發展及臨床用藥趨勢，也獲得了「二〇一五傑出生技產業金質獎」的實質肯定。

以南光在國內率先推出複合式針劑（Device combination）為例，這是一種預先充填好的注射針筒（Pre-filled syringe injection）或預先混合藥物的靜脈輸注液（Pre-mixed IV infusion），能夠將藥液預充填在針筒或輸液軟袋內，省去多重抽取藥物的備藥流程，不但醫護人員使用上更加方便，還可以預防抽取時所面臨的汙染及院內感染的風險，因為產品具有清楚藥物標示，也能降低給藥的錯誤機率，這也是王玉杯在國內首創推行的即用型用藥觀念（READY TO USE）。

在王玉杯的深耕與布局下，南光除了在日本市

照片提供 / 王玉杯

俠義之心與人生而平等的觀念，是成功領導員工的利器。

場站穩腳步之外，也開始向美國 FDA 送件申請藥證，數量已超過七張，近期就能在美國市場傳出捷報。

當年在北醫大那個乖乖牌的女生，現在已是眾望所歸的生技界一姊。王玉杯感慨地說：「其實是環境逼得我不得不改變。」她為南光奉獻了大半輩子的人生。

當初她是因為婚姻而走入藥廠，雖然沒有經過輝煌的歷練，卻能發現製藥工業的舞臺十分寬廣。她將草創初期的二十名員工擴編至今日的五百七十名；她將百萬的營收巨增到現今突破上億元；她藉由過去成功的經驗與失敗的警惕，於公司治理及領導產業發展之歷程上屢創佳績。王玉杯的專業及敬業態度早已為生技製藥產業人士所尊崇，在全球產業即將面臨巨變的今天，她將以豐富的閱歷及敏銳的市場觀察力，以全球醫藥產業的脈動趨勢，為臺灣製藥產業勾勒現在及創造未來。因此，王玉杯鼓勵學弟妹能在思考未來的路時，不妨多考慮製藥業，不論是研發、行銷、業務及管理等職務，都是他們能大展身手的舞臺。

《最美好的時光》葉金川

推薦原因

效法作者精神，不為年齡所限，想做就做，把握當下，寫下沒有缺憾的人生。

內容簡介

前衛生署長葉金川被發現罹患癌症後，正向思考，把人生過得更精采。

王玉杯的書房祕境

《處事有境界，做人知方圓》 張磊

推薦原因|

做事要方，循規蹈矩；做人要圓，與人為善，在人生的道路上，就能少點坎坷、多點順利，並且夢想成真。

內容簡介|

大陸作家張磊的勵志書，探討做人處世的境界，傳授受人歡迎的良方。

《釋迦牟尼佛傳》 星雲大師

推薦原因|

提醒醫藥從事者，不只是要醫身，還要醫心，幫助病人身心都能獲得療癒，自己內心也能安寧平和、輕鬆自在。

內容簡介|

白話敘述佛陀艱苦求道，而終證悟之心路歷程。

攝影 / 林衍億

人生三次轉彎　成百億生技公司董事長

台灣東洋藥品工業股份有限公司董事長　蕭英鈞

以三十多年創業經驗與「八爪章魚」經營哲學邁向國際，蕭英鈞憑藉三個原則：每個人應該做自己思考後喜歡做的事；思考過後，就要盡全力做；不計較、不抱怨，但也不要當傻瓜等，將台灣東洋生技藥廠成功推向世界舞臺。

撰文／方含識

二〇一七年三月，走進南港台灣東洋辦公室採訪，入口牆面上有著東洋公司的使命：「成為全世界最創新的生技藥廠之一，致力於藥品開發及國際市場行銷」、「專精於抗癌領域之國際發展，並持續耕耘重症抗感染藥物開發及行銷」等精神標語。

一九八三年一月一日，蕭英鈞董事長和北醫大藥學系同學林榮錦、章修綱，三個人共同創業。三十四年的創業之路從零開始，直到一家擁有市值超過臺幣四百多億元的生技藥廠，此刻正準備挑戰跨國生技產業的新布局。臺灣的生技產業，與東洋藥廠擁有同等經驗的公司，屈指可數。

這幾年，台灣東洋獲利的成績單令人驚艷。從二〇一二到二〇一五年，短短四年之內，公司的稅後淨利從六億四千萬元，成長為十二億六千萬元，成長獲利將近一倍。二〇一六年，台灣東洋及關係企業市值更高達新臺幣四百八十六億元！

台灣東洋的布局像八爪章魚，從困難的學名藥生產、新藥開發，到國際通路布局，貫穿藥品價值鏈的上中下游，同步展開。

攝影 / 林衍億

放大眼光與格局，
企業才能走長遠之路。

多方布局，貫穿藥品價值鏈

在國際經銷通路上，台灣東洋在泰國、越南和菲律賓都成立了子公司，台灣東洋的藥品，透過自己經營的經銷體系，賣進馬尼拉、胡志明市的醫院。「我們現在以每年三個國家的速度擴張。」蕭英鈞說。台灣東洋積極經營國際市場，墨西哥、保加利亞、沙烏地、印尼，都是他可能進入的下一個潛力市場。

在產品技術上，台灣東洋建立自有技術平台，如微脂體技術即利用癌細胞親水和親油的特性，讓抗癌藥能更準確的自動吸附到癌細胞上。利用這種技術只需要更少的劑量，就能達到同樣的抗癌療效還能減少副作用。除了開發一個個技術平臺外，東洋同時開發抗癌新藥。蕭英鈞說：「未來幾年，期許公司有可能會出現飛躍性的轉變。」而他的下一個大願，是把台灣東洋推上國際。「最近跟別人講（目標），雖還不至於被當作瘋子，但也遭質疑：哪有可能？」蕭英鈞說。

升學壓力大於創業壓力

蕭英鈞在生技產業上，已留下了屬於自己的印記，但請問他做事和讀書哪個難？他卻回答「讀書」，原因是創業過程中遭遇的最大壓力，也不及大學聯考的十分之一。若不是把當年的挫折，轉化為成功的基礎，就不會有今天的蕭英鈞。為了大學聯考，從上小學開始一直到初中，他都拚盡全力，每週只有星期日的下午和晚上可以休息。蕭英鈞說無論是要花錢或不花錢的補習，從未間斷過；英文課本裡沒有關聯的例句我可以整本書背出，地理課本我也可以整本背給你聽。蕭英鈞透露，他的潔癖和略為敏感的個性，都和準備大學聯考有關。如果當年他考上醫學系，那麼便沒有現在的蕭董事長，醫界會多了一位蕭醫師，但偏偏上帝讓他進了藥學系。「以當時的思考邏輯，是很大的挫敗。」他回憶道。

記得剛上大學時，別人問他讀哪一所大學，對方一聽到「臺北醫學院」就會調侃說，喔，要做醫生，娶水某、住好厝；而等他再解釋自己念的是藥學系時，對方便打圓場說「嘛嘸歹」。蕭英鈞笑說：「但你也知道，口氣到底是不一樣。」

蕭英鈞說：「我父親直到十年前才對我比較放心，那時候，我已五十三歲了。而我姊姊是醫生，弟弟是公務員，我父親對他們不曾操心過。」由於父親對做生意抱持一種不確定感，認為做生意不是長久之計，即使東洋已經營到上櫃，父親還是會不放心地說：「股票走來走去（臺語），都是假的。」

懂得獨立與逆向思考，
拋棄陳舊的遊戲規則，
領悟走自己的路的重要性。

人生成功轉捩點藏在被忽略的細節

大一升大二的暑假，一個工讀的機會讓蕭英鈞認識到自己興趣和能力，那次工讀經驗讓他的人生從此轉彎。

那一年暑假，蕭英鈞和章修綱在一家公司打工，銷售工程型計算機。在還沒有個人電腦的年代，工程型計算機就算是高科技產品，也還是瞎子摸象的階段。一開始沿路推銷，找不到客戶，走到腿痠也賣不出一臺，原本十二個工讀學生，第二天只剩一半。他們後來想到一個方法——到百貨公司蹲點販售。百貨公司都有設大品牌專櫃，但價錢昂貴，他們就在專櫃旁「守株待兔」，如果有人對專櫃品牌買不下手，他們立刻趨前介紹自己的產品。蕭英鈞說：「通常一兩天可以賣出一臺。」他們繼而思考「客戶究竟在哪裡」這個問題。需要工程型計算機的人，多半是工程顧問公司的工程師，但工程顧問公司的警衛很兇，於是，他們打電話到各公司直接找工程師談。「只要找到對的人就好談了，一個暑假可以賣二、三十臺。」蕭英鈞回憶道。後來章修綱想到，學校才是工程型計算機最大的市場，於是他們轉戰到臺灣大學去推銷，找臺大學生當代表一起賣，讓對方抽取佣金，單學生市場就賣出三千臺。從一開始的一臺都賣不出去，到最後賺到十幾萬元，蕭英鈞笑說，這筆錢可以在吳興街買半棟房子（當時吳興街一棟房子才三十萬元）。從開始一路想問題在哪裡，到解決問題的癥結，讓他第一次嘗試到賺錢的嗅覺與機會。從小愛天馬行空思考問題的個性，成了蕭英鈞最大的助力。

「我常想，每一件事為何要這樣不斷循環？」蕭英鈞說，每個小細節他都會反覆思考是不是有更好的做法。他舉例過馬路這個舉動，有些人等紅燈的時候，選擇站在馬路上而不是人行道上，「站在馬路上等紅燈，還不如直接闖紅燈，可以省一分半鐘，」他分析，同樣等紅燈，站在馬路上和站在人行道上，只差一步的距離，但被撞的機會大十倍，

攝影／林衍億

在美國，這一步之差，就是守法和違法的差別，如果因此被撞，行人可能還得負賠償責任。

不要怕麻煩，面面俱到去思考

他把每件別人習以為常的事都重新想過一遍，只要能發現百分之五是錯誤的，差別就很大了。

這個細節讓他開始思考：怎麼做才能結合商業和藥學而走出自己的路？為了找第一份工作，他布局了三年時間。

大三時，八個同學一起成立藥學企業社，經過讀書、討論後分成藥局組、企業組開始進行企業的拜訪。透過北醫藥學系系友豐厚的產業人脈，不論是大藥局的辦公室或藥廠的業務會議，他們一點一滴累積與瞭解了製藥產業的運作模式。有了藥企社的基礎，蕭英鈞比別人更早知道自己要什麼，當時藥房獲利雖然豐厚，但他毅然選擇走進企業。當年，大藥廠業務代表錄取率極低，一百個人只錄取

天馬行空的思考與嘗試，

是解決問題的法門。

攝影／林衍億

一個。蕭英鈞主動拉高門檻，他先盤點自己想進的公司，打聽哪些公司經營手法比較現代化，由自己先「選老闆」再打聽要進入的這家公司，對方會問什麼問題。很快地，在五十多個競爭者中，蕭英鈞獲得進入臺灣必治妥施貴寶公司（Bristol-Myers Squibb Company）的機會。

蕭英鈞沒預料到，取得這份工作再次讓他的人生轉彎。他回憶當時剛入行的業務代表，都被派去跑開業診所的業務，只有他被派去一個懸缺兩年而人人卻步的業務區。「我才進必治妥一個月，就面臨去留問題。」他在一次開會意識到這件事時，心想：我準備了三年的時間，難道只工作一個月就要離職嗎?他緩緩的說：「我到現在都很感謝當時做的決定——我不退卻。」當時必治妥公司這個業務區有兩個很大的問題，蕭英鈞分析，沒人敢接，是因為有來自各方給這個業務區壓力。他花了五個半月時間，一個一個溝通，直到所有人都說沒有意見，照你的方法做。最後，蕭英鈞在必治妥待了約兩年後來換到另一家代理商，才離職創業。

醫院業務是如何成功開啟的呢？蕭英鈞指了指身上的長大衣說，打從一開始工作，他身邊就放著這樣的大衣，有時候在醫院跟醫生討論到半夜兩點，回到自己的車上蓋上大衣休息，第二天早上七點半，又到醫院報到。這次挑戰開啟了蕭英鈞的潛力。「現在除了像愚公移山這種不可能辦到的事之外，基本上，我不會放棄。」他說。即使遇到困難，他不會依循傳統的思考模式，反而是跳出來看「我怎麼做才不會被限制住」，並不斷反問自己「為什麼你不能做得更好」。

有目標、有思考的習慣、有努力的決心，就會一步步有策略的向目標推進。蕭英鈞舉剛創業時面臨難題為例，當時醫院常用的抗生素已推出第二代，且新藥利潤高用量又大，他手上卻只有第一代的舊藥可賣。而醫院每年只有一次稱為「進藥」（Listing）的機會，其他藥廠業務員手上都有新藥，坐等醫院開放進藥時跟醫院談生意；蕭英鈞手上只有舊藥可賣，卻得從一年前就開始每週兩次、三次地勤跑醫院。藥局主任覺得很奇怪：「你一年前就來，忙半天一個月也只有六百支藥的市場，為什麼這麼拚？」蕭英鈞笑答說：「六百支也是要做呀！」他的策略是拜訪所有關鍵人物，徹底了解這間醫院的需要，了解如何取代其他對手。一年後開放進藥時，經過蕭英鈞與其他同仁的接續努力，竟把一、二代抗生素的市場全吃下來。「一個月的量是一萬五千支！」他說。

從工讀、找工作到創業，蕭英鈞連續好幾次把一手爛牌打出漂亮成績，當年大學聯考失利的挫折，如今看來卻是上帝的美意。三十年經驗沉澱後，蕭英鈞自有一套對成功的體悟。

獨立與逆向的思考是成功良藥

他認為只要幾句話，就能改變一個人的命運，並且依循三個原則。

第一個原則：每個人應該做自己思考後喜歡做的事。很多人只在既定的框框裡思考，卻沒跳出來思考事情是否合理。他認為與其拚死拚活，只為擠進名校混一張文憑，不如挑一間普通學校與自己喜歡的科系，盡全力念到頂尖。蕭英鈞舉自己的小孩為例，大學之前的學業要求都是「中間以下」，不是放牛，可

攝影／林衍億

攝影／林衍億

是很鬆。他分析說，在傳統的教育裡，就是要學得早、學得多，他則把重心放在教小孩獨立思考上。別人照著框裡的遊戲規則走，他卻教小孩任何事都要逆向思考一次，走路靠左走還是靠右走好，都可以拿出來自己思考。「如果沒有跳出框架，你（在體制內的表現）得要很優秀。」他接說：「即使孩子表現稍微駑鈍，但只要給他正確的思考方式，他就會不同了。」他的小孩都不是名校畢業，卻在好的公司與加州理工、清華等名校畢業生一起競爭。

第二個原則：思考過後，就要盡全力做。蕭英鈞覺得努力才是成功最關鍵的要素。「我個人的認知是，百分之九十七的努力可以解決逆境。如果沒有努力，聰明只是跟別人炫耀的工具而已。」他說。職場上另一個怪象是，許多人才開始找工作就在想要怎麼退休。「第一天上班就是第一天，才開始怎麼就結束了？」想要成功的最簡單方法，就是在身心可以負擔的情況下，努力去做。他認為，如果超過身心負擔，不值得也不會持久。他強調：「不是自願、未經思考過的，以及不是有目標的都不行。」如果在工作中不是享受進步的快樂，對目標有期望，努力的熱情也難持久。

第三個原則：不計較、不抱怨，但也不要當傻瓜。如果能夠發揮自己的最大能力，又能不計較、不犯重大的錯誤，能夠做到這三點，即使沒有聰明才智，就是一間公司需要的可貴人才。蕭英鈞說：「不計較，不是叫一個人傻傻的做，如果你做出成績，也應該主動跟上司說，我該加薪了，如果被拒絕換工作好了。」他解釋：「這樣做十年，不用創業，月薪四、五十萬跑不掉。」

面對未來，蕭英鈞對臺灣生技業充滿信心——現在的路比以前寬三十倍。他分析，以前臺灣在生技技術和人才上都十分匱乏，但現在臺灣的實力已和國際幾乎是並駕齊驅。不管技術怎麼變，他認為要超越自己，追求成功的方法還是只有一個，就是努力。

人生意外的轉彎，是一時的挫折還是一輩子事業的起點，完全視自己站在什麼角度觀看。跳出框框，從一開始就不斷思考如何打好手上的牌，蕭英鈞用三十年的努力，把當初的挫折變成最完美的祝福。

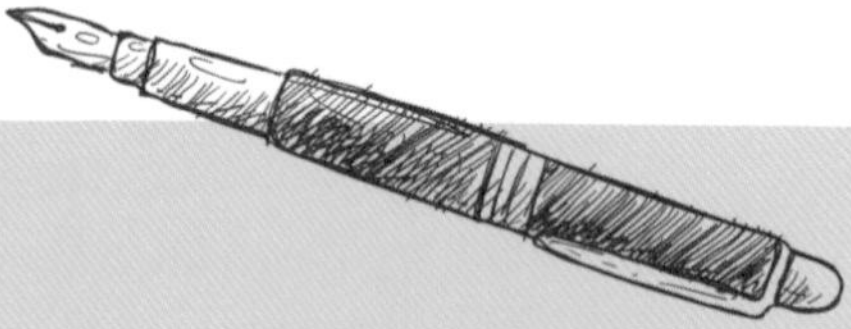

《聖經》

推薦原因|

我不是教徒，但車上會放《聖經》。《聖經》上說「施比受更有福」，你拿自己多餘的東西幫助人，會得到別人的友誼；多做事，會累積更多實力。你先給，百分之九十五的人會還你，吝嗇的人卻沒這個機會。這麼做，更深層的意義是，你的幸福感會上升，各方面會愈來愈好。

內容簡介|

基督教的《聖經》包含「舊約」與「新約」，舊約來自猶太教的《塔納赫》，從耶和華如何創世開始，講述古時猶太人歷史、先知預言。新約記載耶穌基督和門徒的言行，以及早期基督教事件、使徒寫給教會或其他人的書信。

蕭英鈞的書房祕境

《人性的弱點》 戴爾・卡內基 (Dale Carnegie)

推薦原因

一本書只要看到三句話就值得了！這本書對人性的觀察十分深刻，討論如何建立成功的人際關係，他告訴我們要多替別人著想，做事要自己先來，但是懂這個道理容易，要在生活中做到極致，卻是難上加難。

內容簡介

《人性的弱點》是卡內基花費多年時間與心血所著作而成的一本「人際關係指導行動手冊」。書中揭示人性的共通點，並教導人們正確成熟的應對方法。

《論語》

推薦原因

很多人說《論語》著重講述君王之治，但我不看那些，我看到是道理。裡面有許多為人處世的道理，年紀小的時候也許看不懂，但是年紀漸長之後，會有愈來愈深刻的體會，裡面充滿各種情境下的智慧。

內容簡介

《論語》是記錄春秋時期的思想家、教育家孔子和其弟子及再傳弟子言行為主的匯編，是儒家重要的經典之一。

攝影 / 陳志亮

向古人學智慧　稱霸臺灣胃藥市場

吉福適藥業股份有限公司董事長　林銅祿

靠著「喝咖啡、吃甜食，讓你胃食道逆流了嗎？」的廣告詞，吉福適藥業董事長林銅祿把學名藥化為品牌，成功將吉胃福適錠打入臺灣胃藥市場，每年銷售超過千萬顆，被藥界視為傳奇，他的藥品行銷心法，來自老祖宗的智慧。

撰文／謝其濬

這個電視廣告，你一定不陌生：

上班族打扮的年輕女孩，走進超商，拿了兩件甜食，又在櫃檯點了一杯咖啡。身邊有男同事靠近：「妳午餐就吃這樣嗎？」

「跑業務壓力大，時間不固定，根本無法好好吃飯。」女孩一臉無奈。

走出超商，女孩喝了一口咖啡，露出不舒服的表情。

男同事再度前來關切：「喝咖啡，吃甜食，讓你胃食道逆流了嗎？」

「現在食道、胸口灼熱，好難受哦！」

男同事拿出吉胃福適錠，解決了女孩的問題讓她再展笑顏，並開心地說著：「吉胃福適錠，一『錠』搞定。」

貼近日常生活的情境設定、高「顏值」的演員，加上洗腦般的頻繁播出，吉胃福適錠每年銷售超過千萬顆，穩坐同類型廣告藥的第一名。

成功為吉胃福適錠打響名氣的推手，正是吉福適藥業公司負責人林錮祿，旗下另一款吉胃福適凝膠，同樣也是靠著廣告效益而熱賣，堪稱是藥品行銷的成功範例。

林銅祿是藥學出身，沒有任何行銷企管背景，靠著他從《易經》、《黃帝內經》等古書琢磨出來的心得，就在競爭激烈的胃藥市場搶下六成以上的市場，絕對是臺灣藥界的另類奇人。

攝影／陳志亮

崇拜孔明的足智多謀

四年級生的林銅祿是臺南人，在家排行老大，家族過去都是務農，因為父親會念書，因此有機會進入善化糖廠從事公職。

回憶童年時代，林銅祿說，當年沒什麼玩具，娛樂活動也不多，連電視都是黑白畫面，因此他打發時間的方式，就是與書作伴，而且特別是所謂的「古書」，從《水滸傳》、《三國演義》、《二十四史》、《封神榜》、《孫子兵法》等，他都看得津津有味。「妹妹還問我，這些書上有很多困難的字，為什麼我這麼愛看？」林銅祿笑道。

在眾多古典名著中，他最喜歡《三國演義》，因為，三國演義中人物眾多，個性分明，成敗不同，都可成為日後人生之借鏡或不可重蹈覆轍之典範。如曹操的決斷力、劉備的寬仁、關羽的忠義、周瑜的量窄、趙雲的勇武。而羽扇綸巾、神機妙算的孔明，最是讓林銅祿欽佩不已。

「孔明懂得環境分析、訂策略、立威望、擅兵法、會用人，而且還能預測未來。」林銅祿細數一代軍師的各種本事，也曾於草船借箭後，與魯肅對曰：「為將不通天文，不識地理，不知奇門，不曉陰陽，不看陣圖，不明兵勢，是庸才也。」也是因為孔明的啟發，埋下了他對占星、觀天象的興趣。

> **向古人借鑑，**
> **補自己學習不足之處。**

親和力＋專業知識，業績開紅盤

對林銅禄來說，會走入藥品業，算是有點誤打誤撞。初中學業成績平平的他，聯考分數還不錯，他聽說嘉南藥專（現為嘉南藥理科技大學）風評不錯，就選擇了分數達標的藥學系就讀。

畢業後，林銅禄進入葡萄王當業務，主跑臺南地區的藥局。他說，相較於開業醫或醫院，跑藥局不必等醫師下診，運用時間較有效率，而且當年藥局是強勢通路，生意很好做，他一個月可以做到數十萬業績，所以進公司沒多久，就獲提拔成為科長。

林銅禄直言，公司裡有不少業務，資歷比他久，卻沒有機會升遷，除了他們非藥學相關背景，藥學科班出身的他比較有優勢外，他從小愛看書，多少懂一點人性，因此總是笑臉迎人，以親和力作為敲門磚。「做生意，最重要的還是要打開客戶的心，專業知識只是備用。」他強調的說。

葡萄王雖然出了多款學名藥，一般人熟知的其實是旗下的提神飲料「康貝特」，當初取名是呼應電視熱播的美國影集「勇士們（combat）」，一句「喝了再上」的廣告詞透過電視強力放送而家喻戶曉，曾經穩坐市場第一多年，這也影響了他後來在行銷產品時，相當重視電視廣告的威力。

廣告策略奏效，搶下市場第一名

林銅祿在葡萄王表現不錯，也頗受賞識，不過，工作了約三年半之後，即使老闆百般慰留，他還是跳出來創業，跟著老東家的主管王康裕在一九八〇年成立了吉福適公司。

相較於一般的新創公司，吉福適早期的運作方式很特別。林銅祿解釋，當時王康裕帶著一票人出來開藥品行銷公司，從事進口藥品的買賣，因為沒什麼創業資金，就把公司的營運成本分攤在藥品售價中，再交給同仁去賣，每個人各自有責任區塊，該區塊的獲利就歸其負責人，賣得愈多就賺得愈多，而公司僅只是能夠維持營運的發貨中心，林銅祿形容為「耕者有其田」。

林銅祿負責窮縣市的雲嘉南市場，不算好經營，但他做得有聲有色，因此王康裕也看重他的能力，請他到臺北坐鎮總部，負責營運。

104年於銘傳大學EMBA班講授易經與管理
照片提供／林銅祿

他說，公司早年類似中國周朝的諸侯制，源自易經洛書九宮格中的封建井田制度，王朝居中，外擁八區諸侯每個區塊的負責人各自為政，公司只是扮演發貨中心的角色，本身並沒有獲利。林銅祿原本也是「諸侯」之一，他上任之後，站在公司營運的角度，認為必須廢除井田制度，改採秦朝秦始皇的中央集權制，如此，公司才能集中資金資源，也才有能力塑造品牌，強化公司自身的實力。

吉福適公司兩種創新的商業模式，恰如八〇年代經濟學上的創新主流理論，是本世紀最傑出的經濟學家之一熊彼得所創建，熊彼得認為，景氣循環乃進步的必經過程，因為「創新」活動破壞了均衡，所以產生景氣循環。創新理論應用於藥業市場，有微笑曲線左端的產品創新、流程創新及微笑曲線右端的商業模式創新。根據波士頓顧問集團所做的一份五年報告指出，致力於改革右端商業模式創新的企業，其獲利能力高於產品或流程創新百分之六。

大概在二〇〇一年時，公司要推出吉胃福適錠，由於市場上已有很多胃藥錠劑，其他股東擔心會成為炮灰因此出現許多反對的聲音，但林銅祿仍獨排眾議，不僅要依計畫上市，還要強打電視廣告。

學無止境，汲汲於專業知識的加強，
事業才能走長路。

當時廣告公司的提案仍是強調治胃酸胃痛，林銅祿指出，此為錯誤的行銷定位。當時電視熱播的健胃仙，其定位就是胃酸、胃痛，廣告詞是「一粒健胃仙就能稀釋一百倍的胃酸」。若後發品牌仍持相同定位，穩死無疑，而且，胃酸、胃痛的定位就是低單價，那能擔負起龐大的電視廣告費用。適時林銅祿靈光一現，將「胃食道逆流」五個字加入廣告企劃中，此舉一度引起反彈，認為這是醫生使用的術語、太過於專業，一般人不容易聽得懂，但林銅祿仍堅持己見。結果，不到兩年的時間，吉胃福適錠就攻下了胃藥市場第一名，現在消費大眾只要聽到「胃食道逆流」，就會想到吉胃福適錠。

林銅祿舉〇〇七電影為例，自一九六七年的「雷霆谷」到去年的「惡魔四伏」，不論故事怎麼變化，片頭音樂一響，就知道是〇〇七電影。而吉胃福適錠的廣告，每兩年就會拍攝新的影片，不管主角、情境如何不同，「喝咖啡、吃甜食」、「胃食道逆流」、「一錠搞定」等關鍵字絕對不變，消費者才會留下深刻的印象。

從補修中藥學分，到攻讀生藥所

除了吉福適，林銅祿還是另一家扶懋實業的負責人，代理一些葡萄王的產品。

與北醫大顏焜熒、陳朝洋兩位名譽教授合影
照片提供 / 林錮祿

他觀察韓國流行用藥材熬製的「聰明湯」，也想跨足中藥領域，為了加強自己的中藥知識，便到北醫大補修中藥學分。

林錮祿說，當時是採取隨班上課的方式，有時是跟二年級的學生上課，有時則與三年級的學生一起，而他愈學愈有興趣後，決定報考北醫大生藥學研究所。

「我那時已四十多歲了，準備起來特別辛苦，很多內容都看不懂，甚至還有人建議，如果看不懂，就直接用背的。」林錮祿苦笑道。他心想，背書記憶是自己的強項，他認真準備了一年，最後順利上榜。

林錮祿原本對於中醫理論著作《黃帝內經》就有涉獵，進了生藥所、深入研究中醫後，對於書中所云「人秉天地四時之氣而生」，體會就更加深刻。他以天人相應的理論為基礎，從五運六氣的角度來設計處方。簡單來說，就是洞悉天地運行之道，進而找出藥品行銷的對策。

他舉例，根據五運六氣，每一年度會盛行的疾病不盡相同，如果能事先掌握該年的走向，預做準備，就比較容易大發利市。林錮祿透露，某家知名的連鎖藥妝店曾經派人來聽他演講，根據他的建議，調整行銷策略，業績便成長了三成。

與鄭慧文教授之UCLA指導教授訪台合影

照片提供／林銅祿

包括自家的吉胃福適錠、吉胃福適凝膠等胃藥產品，也是根據「脾胃屬土，喜黃色」的論點，一律採取黃色包裝，像近期另一款同類型的競爭藥品，則是選用了藍色包裝，林銅祿認為就是沒有考慮到五運六氣的定理。

因為是中年才去讀研究所，林銅祿一度心生倦怠，打算念完兩年碩士班就好，結果在顏焜熒教授的鼓勵下、鄭慧文教授的指導下，他又繼續念了博士班，耗時九年，拿到博士學位時已五十五歲，好學的精神相當激勵人心。

「通天地」，才能順勢而行

「吉胃福適」四個字家喻戶曉，林銅祿本人則相當低調，甚至連手機都不怎麼用，平時最愛待在擺滿古書、藏書千冊以上的辦公室裡，聚焦會神研究易經、命理、哲學、五術等中華傳統文化。

說起他對這一類題材的興趣，除了童年時看《三國演義》崇拜孔明之外，另一個契機，則在他成立公司之後。有位畢業於政大法律系的震旦行員工會看命相、手相，到公司維修影印機時還會幫同事算命，引起林銅祿的好奇。想要一探究竟的他，索性自學八字、風水、面相、姓名學，甚至是奇門遁甲，一學就是三十多年，從不間斷，自忖自己學孔明當高人，而那位朋友早已升任震旦行關係企業金儀公司總經理。

所謂「學無止境」，為了解決困惑而看一本書，卻又產生更多疑問，再翻開另一本書，書就這麼一本接著一本讀下來，直到某一天，林銅祿突然有種任督二脈被打通的感覺，從此再讀任何一本書，就像是跟古人直接對話，思緒無不清晰明朗。研究艱深學問總有些心得、領悟。中醫診斷是辨證論治，中藥配方是君臣佐使，使藥、引藥才能讓藥效發揮最大功效，讀書亦是，在「引書」的帶領下經手不釋卷日月累積後才能融會貫通。「引書」靠機緣，「用功」靠毅力與恆心。

「引書」就如《三國演義》，它能讓您懂得商道及經營之道。《開啟中醫之門》，才能帶您進入黃帝內經，五運六氣的堂奧。《王陽明傳記》，才能知曉理論與實務合一的應用。《曾國藩傳記》，才能啟發您研讀《二十四史》。例如，《二十四史》中的宋太宗（趙光義）不曉兵法，兩次征遼（契丹）均被敵手誘敵深入聚而殲之，此兵法哲學毛澤東更應用得出神入化，於國共內戰及韓戰時擊垮對手。當活用此謀略思維行銷於胃藥市場的品牌競爭上時，就可獨佔市場，而讓其他對手品牌，經營得很辛苦，甚而退出胃藥市場。本土品牌有：胃○達、喜○

佳、潰○定、舒○福。外商品牌有：歐○來、坦○、善○得、健○仙、立○○康、嘉○○康，及今年四月新進市場的必○康。

「人是生活在天地間，萬事萬物都是受其牽動和影響，行為模式只是反映當時的變化而產生。」林銅祿認為，中華文化的精華、古人的智慧，其實就是個「通天地」的道理，只要順天地而行，凡事都不會得到最壞的結果，而懂得把握自己當運的時刻，放手一搏，成功的機率就會很高。

他透露，推出吉胃福適錠之前，遇上不少阻力，於是他就占了一卦，結果是吉卦。求得此卦後，他心定下來，堅決去做，果然得到最佳的結果。

向王陽明學習

在眾多歷史人物中，林銅祿自認受影響最深的是明朝大儒王陽明。他指出，王陽明從小立志發願當聖賢，但一直苦於無法體會孟子的「格物致知」之道，後來人生經歷了一連串考驗，突然大徹大悟，提出了知名的「四要旨」：「無善無惡心之體，有善有惡意之動，知善知惡是良知，為善去惡是格物。」

林銅祿將王陽明的學說運用在藥品行銷上，即「購買，來自消費者的心動」。

笑臉迎人與親和力，是專業知識以外的做生意敲門磚。

他強調，有效的廣告就是能感動人心的廣告，必要條件包括了：從日常生活尋找題材、有戲劇張力的故事或旁白，以及貼近消費者又能精準說明藥品療效的廣告詞，三者若能巧妙結合、觸動人心，業績自然會跟著成長。

所謂左腦理性、右腦感性，目前也在學校任教的林銅祿觀察，很多藥學系的學生，都是左腦發達，專業知識沒問題，但是感性不足，而增強右腦最好的方式，就是多接觸人文史哲書籍，建立自己史觀和哲學思維。

林銅祿說，當年他在念研究所時，曾有比較年輕的同學羨慕他運氣好，經歷了臺灣經濟起飛的好時期，林銅祿雖不否認，但他也強調：「每個世代都有屬於他們的機會，如果你做好了準備，懂得如何把自己這個小齒輪，緊扣住時代的大齒輪，你就可以掌握屬於你這個世代的機會而飛黃騰達。」

106年於陽光扶輪社演講皇極經世論國運與吳社長合影
照片提供／林銅祿

《王陽明傳》 梁啟超

推薦原因｜

王陽明經過二十年研精殫極思後，才能靈光乍現，大徹大悟「格物致知」四要旨，可帶來很大的啟發。承繼孟子的「心學」，力求「知行合一」以致用，即現代術語「理論與實務」合一，以實踐執行力來完全大業。

內容簡介｜

王陽明是中國歷史上達到「立德、立功、立言」三不朽境界的人物之一，本書融合王陽明生平與學說於一體，是認識王陽明、讀懂陽明學說的入門之書。

林銅祿的書房祕境

《三國演義》羅貫中

推薦原因｜

商場如戰場，從孔明的神機妙算預測未來與運籌帷幄，可以學到許多企業經營之道。

內容簡介｜

中國第一部長篇歷史章回小說，描寫東漢末年到西晉初年近百年間的歷史，反映了三國時代的政治軍事鬥爭以及各類社會矛盾的滲透與轉化。

《曾國藩傳》 解維廉（Hail.W.J）

推薦原因｜

曾國藩尊崇儒學，是儒將，勤讀《二十四史》，借鑑古人智慧，又能帶兵打仗，中國現代史上兩位著名人物，毛澤東學他《二十四史》不離身和蔣中正學他每日寫日記，都給了他很高的評價，是值得效法的人物。

內容簡介｜

一窺清末儒將曾國藩的不平凡的一生，也可了解太平天國戰爭始末。

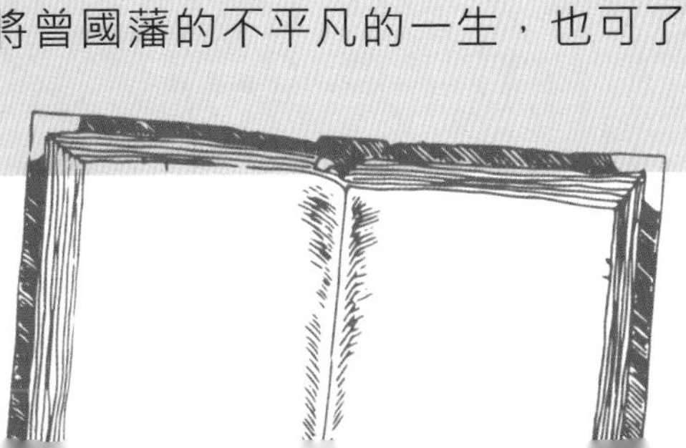

Chapter 4

前景無限可能

考進藥學系擁有無限可能，不僅可以進醫療院所擔任藥劑師，還可以進入各大藥廠從事研發、業務，或從事一線醫療臨床研究人員。現代李時珍、創投天使、藥局零售業天王、生技公司CEO，他們全都來自專業又多元遼闊的學習天地。

攝影 / 黃鼎翔

從「零」做起　活出精采人生

躍獅連鎖藥局創辦人　王文甫

從早期從事藥貿、成為藥廠的大掌櫃，到成立連鎖藥局品牌，在每個戰場，王文甫總是能交出漂亮的成績單。事業之外，不僅是富錦里資深的里長伯，打造了臺北首座生態公園，還是世界玩透透的背包客。王文甫是怎麼辦到的？

撰文／謝其濬

盛夏時分，來到臺北市民生社區的富民生態公園，滿眼盎然的綠意，便讓人感到暑氣全消。水生植物如睡蓮、野薑花、槐葉萍、滿江紅、香蒲、水柳、長沙、三白草、芡實、狐尾草等，喬木如光蠟樹、苦楝、青剛櫟等，加上常出現在公園的蝴蝶、鳥類及水池中的魚蝦類，在城市水泥森林中，富民公園宛如一方人與大自然和諧共處的淨土。

在富錦里擔任二十七年里長的王文甫表示，富民公園是臺北市首座生態公園，原地中央本有條通往基隆河的大水溝，因為造成不少汙染，先是進行水溝加蓋工程，後來才開始推動生態公園的構想，二〇〇二年完工，旋即獲得了景觀設計大獎。

在王文甫的帶領下，走進公園裡的生態教室，布幕一拉開，大型培育箱中正在復育臺灣樹蛙。角落的箱子培養著殘翅果蠅，則是樹蛙的食物。正在好奇該如何餵樹蛙吃果蠅，王文甫解釋，殘翅果蠅不會飛只會跳，把果蠅放進箱內，樹蛙自己會去捕食。

說起生態，眼睛就閃閃發亮的王文甫，從小就喜歡昆蟲，小時候就常常在田裡捕昆蟲、做昆蟲箱的他，念大學時其實最想念昆蟲系，只是後來進了北醫大藥學系，如今他一手規畫打造富民生態公園，也算是一償心願。

親自整理一手打造的富錦里生態水池。　照片提供／王文甫

王文甫的另一個身分，則是躍獅連鎖藥局的創辦人。

一九八九年，當時擔任北市藥師公會主任委員的王文甫，為扭轉社區藥局老舊的刻板形象，遂創辦了躍獅，深耕多年後，為了個人的生涯規畫，又毅然在二〇一二年賣掉躍獅，過起遊山玩水的快意生活。

里長伯、都會生態公園的推手、連鎖藥局的創辦人，以及世界玩透透的背包客，悠遊於多種角色之中的王文甫，是怎麼開創出獨一無二的精采人生？

年年主辦同學會

王文甫的父母來自彰化鹿港，而他則是土生土長的臺北人。家裡開了個玩具店，生為長子的他從小就要去店裡幫忙。由於店面位於鬧區，遊人來來去去，王文甫經常得看守著門口的玩具，避免有人經過時順手牽羊。那時候，家裡除了賣玩具，也做加工、批發的小生意，母親去收款、交涉時，常把他帶在身邊，耳濡目染下，王文甫從小對於做生意這檔事就不陌生。

小學功課還不錯，初中時因為愛玩成績一落千丈，高中念的是成功高中的夜間部。王文甫說，父母都不是高學歷，卻期待他成為家族中第一個念大學的人，後來他考上北醫大藥學系，也算是有個交待。

王文甫坦承自己不愛念書，當了大學生後成績只求過關，大部分時間還是在玩。他在藥學系當班代，三不五時就會辦活動，同學結伴玩在一起，因此感情特別好，畢業第一年就辦同學會，從此年年都辦。到二〇一七年為止，已經辦了四十四年，而且從第三十年起，王文甫把同學會跟旅遊結合，改成到國外去辦，歐洲各國幾乎都要玩遍了。

王文甫用心主辦同學會，旅遊品質不打折，而且老同學相見歡就像是回到學生時代一般自由自在，大家都玩得很開心。他說：「我有些同學在當醫生，每年開同學會時，就告知病人要休診，然後開心的參加一年一度的國外旅遊。」所以舉辦同學會，已經成為他們這一屆藥學系畢業生的年度大事。

有趣的是，王文甫的姻緣也跟同學會有關。太太跟他是同班同學，在校時並沒有來電，畢業後第一次同學會，他得知對方還沒找到工作，大三就當上藥學會會長的他，有一些學長姊的人脈，便幫她找了一份在學長公司上班的工作。

那時候王文甫還在當兵，服役的地點距離學長公司不遠，有空就會過去坐坐，學長的太太也是藥學系的學姊，好奇地問王文甫：「你這位同學很不錯，為什麼不追她？」這才一語驚醒夢中人，兩人順利交往，王文甫退伍後沒多久就結婚成家。

玻利維亞尤烏尼鹽湖上的青天白日滿地紅。蒙古沙漠騎乘駱駝。 照片提供 / 王文甫

用心付出，燒熱「冷灶」

王文甫過去曾經有過出國念書的念頭，不過，結婚之後，他就決定專心留在臺灣打拚。透過軍中同僚的介紹，王文甫進入了一家藥品代理公司擔任業務，主要跑醫院通路，當時其實沒有位子出缺，因此老闆就把其他業務不要的三家醫院交給他經營。

「剛交接時真是傻眼，前一任的業務把我帶到醫院門口就算是交接了，連醫院的業務窗口是誰都不知道。」王文甫苦笑道。而交給他的三家醫院，有的是原本零業績，有的則已經從該醫院的採購用藥名單中排除，可以說是一手爛牌，真讓他欲哭無淚。

不過，一開始的逆境並沒有嚇到王文甫，每天固定到醫院拜訪找人聊天，像他當時負責的某家醫院，藥局的主管是位菲律賓修女，她要去龜山探視菲律賓籍的受刑人，王文甫就會開車陪她去。

「其實，做這些事的出發點很單純，就是幫忙他人並不求回報。」王文甫說。然而，正是這些點點滴滴的付出，王文甫跟醫院的關係愈來愈好，業績也在不知不覺有了起色。

把「冷灶」燒熱了，王文甫卻想要跳槽，原因竟是「實在太閒了」。對於他來說，經營醫院通路，剛開始很辛苦，突破瓶頸後就變得不太需要費力，反而少了挑戰性。老闆為了留住他，先是把榮總也交給他跑，後來甚至把旗下另一家公司的藥房和診所通路都交給他，當時他一個月的收入約五萬塊錢，在民國六十年代，可以說是相當豐厚的待遇。

義氣相挺，跳槽新東家

王文甫有位大學時代的好友，父親是日本知名成藥「龍角散」的代理商，在臺灣也蓋了一家信元藥廠。王文甫跟對方一家都很熟，結婚時，還找好友的媽媽當媒人，交情非常不錯。

退伍後上班約兩年多，有一天，同學的父親找王文甫吃飯，透露信元廠在虧損，希望他過來幫忙，王文甫二話不說就答應了。一般人跳槽薪水會增加，但是王文甫薪水不但腰斬只剩兩萬多塊，而且工作地點還在龜山。即使如此，他還是很夠義氣相挺到底，跳槽新東家。

只是才上班沒多久，好友的家族開始傳出雜音，認為家族事業不該交給外人來管，公司甚至還因此冷凍他，工作內容從業務改為研發。好友勸他不如離開，但是王文甫實在嚥不下這口氣。

「當初明明是他們請我來的。」王文甫強調：「我告訴自己，今天人家叫我走，我才不走，留下來是為了做出成績，但是有一天當我要離開時，不管你怎麼留我，我都不會留。」

從無到有，扭轉劣勢

信元藥廠原本只有藥局的通路，老闆為了讓王文甫知難而退，就丟了薄薄的產品目錄要他去開拓診所通路，而且還畫了條紅線要他做到臺中就好。王文甫當時沒人、沒資源，產品又不是很有競爭力，還是硬著頭皮去做，成立業務團隊，一個一個親自訓練，經過了七年的深耕，把原本是零的通路經營到有五千家診所的規模。

王文甫除了帶業務，通路該賣什麼產品，包裝該怎麼設計，也是他一手包辦。比方說，有一款胃藥，一般都做成綠色錠，王文甫靈機一動，開發成了白、綠雙層錠。「當初的想法很簡單，覺得這麼做才能顯出產品差異化。」王文甫笑道：「登記新藥時，我提出的理由是，這款藥有苦味的成分，我放在綠色那一層中，病人吃藥時，把白色那一層放在舌頭上，吃起來比較不苦，而衛生署也就通過了。」

秉持單純的出發點做事，瓶頸自然迎刃而解。

在信元藥廠那七年，公司雖沒有給王文甫資源，但也沒給他限制，只要他想做的事，寫個企劃書提報就可以去做，等於有個任他施展身手的舞臺，而原本連年虧損的信元藥廠，在他的掌舵下，業績也大幅成長。

在離開信元前一年，王文甫還開始藉由年度預收款制度，整頓藥局通路。那時他每天的工作就是開車南下親自到每家藥局收年度預收款，公司每個月有幾百萬元進帳，一度以為賺錢就是這麼容易，不知道這是王文甫長期經營人脈及精心規劃的成果。後來老闆的另一個兒子接班，王文甫認為對方不是值得追隨的人，就決心離去。等他一走，業績又開始走下坡，最後公司遭到了購併。

王文甫說，原本的老闆得知他要離開時，曾經要兒子出面慰留，甚至還要給他股份，但是他堅持了七年前對自己的承諾，不管對方再怎麼留也不改其志，瀟灑轉身，去尋找人生的下一個戰場。

從藥師到躍獅，跳脫窠臼，讓藥局從黑白變彩色。

為業界建立典範

距離富錦里里長辦公室幾步路，就是一家躍獅藥局。五年前，王文甫把公司股份賣掉之後，留下這間夫人經營的店面，目前交給同為藥學系畢業的兒子和媳婦經營。

自動門打開，迎面而來的是明亮的燈光、開架式的商品展示，還有穿著制服的藥師親切為客人服務，現在看起來或許稀鬆平常，不過，這在三十年前可是相當令人耳目一新。

王文甫在信元藥廠任職時，經常跑藥局通路，對於社區藥局的積弱不振，知之甚詳。他指出，當年藥學系畢業生的出路，不是到醫院就是到外商藥廠，會選擇開藥局，不外是家庭主婦可以一邊看店一邊照顧小孩，或是不擅於言詞表達的人、躲在櫃檯後方等客人上門，經營事業的心態都比較消極，做不出成績，又經常抱怨產業環境太差。

「真的是環境太差?還是藥師們本身不夠努力?」王文甫尋思。正好他在藥師公會當主任委員，就找來另外三位副主任委員，合作創辦了本土第一個連鎖藥局品牌，取名「躍獅」，正是「藥師」的諧音，強調是正統藥師開的藥局，非藥劑生也不是借牌，希望能夠為業界建立值得效法的典範。

創新作法，讓藥局不只是賣藥

躍獅創辦之初採加盟店模式，王文甫要求藥師一律要穿制服、門面要乾淨，而且商品陳列方式要改開架式，他後來發現加盟店不易管理便推行直營店，比較能夠貫徹他的理念。在躍獅旗下，除了加盟店和直營店，王文甫還打造了處方藥的物流系統，除了供貨自家藥局，甚至還能服務其他的藥局。

王文甫在擔任躍獅總經理時，曾拋出了不少新穎的點子。像是他從日本引進「藥歷」的作法，對於客人買藥有完整的紀錄，可以迅速找出因為吃藥造成的問題，另外，他也在總部舉辦健康講座、在藥局賣麵包、沙拉，目的是讓社區藥局不只是賣藥，還能跨入健康照護的領域。可惜的是，這些創新作法隨著換人接手，因為成本考量而陸續喊停。

擔任亞洲藥學會長，於大會開幕式。照片提供 / 王文甫

二〇一二年，裕利醫藥集團合併了躍獅，王文甫也正式功成身退。提到交棒的原因，他淡淡地說：「我有我的人生規劃。」他認為自己已完成階段性任務，而股東們也未必是永續經營的最佳人選，經過股東們同意後，交給另一個專業團隊，不失為可行之道。

馬不停蹄的退休生活

退休之後，王文甫的腳步依然相當忙碌，他接下了北藥基金會的董事長（目前已屆滿卸任），提出北藥 No.1 的目標「拇指計畫」，積極募款，為優秀的六年制年輕學子提供獎學金，發揮系友扶持學系的功能。另一方面，他也是亞洲藥學會的會長，訂下 We are One 的目標，以保障亞洲各國病人，用藥安全為導向，以促進亞洲各國實施醫藥分業，以及提升藥師專

攝影／黃鼎翔

業職業技能 Good Pharmacy Practice 的推動為兩大主軸，除了多次舉辦研討會及專業訓練課程，致力於提升東南亞藥師的素質，落實保障病人用藥安全的目標，同時，積極開拓新會員，期能打造出全亞洲最大的藥師組織。

熱愛自助旅行的他，更是經常利用時間雲遊四海，日本、韓國、印度、約旦、埃及，歐洲，甚至南美洲，都有他的足跡。

從早期從事藥貿、成為藥廠的大掌櫃，到成立連鎖藥局品牌，在每個戰場上，王文甫總是能交出漂亮的成績單。他說：「每接下一個新任務，我總是先想到定位是什麼，找到了定位，才能夠做得與眾不同。」

即使一開始拿到一手爛牌，王文甫也總是認真打，靠著他對環境敏銳的觀察力、絕佳的行動力，加上豐沛的人脈，終能翻轉劣勢成為贏家。

龍馬精神活化經營之道，企業自然能夠永續。

《思考習慣病》

日比野省三 / 裴元綾香

推薦原因｜

很多人都有作者所謂的「思考習慣病」，跳脫這些慣性思考，創意才會源源不絕。

內容簡介｜

作者觀察現代人的思考模式，提出七大思考習慣病，以及相對應的處方箋。

王文甫的書房祕境

照片提供 / 吳碧芬

以病人為中心
打造藥界「臺灣黑貓姐」女力典範

瑞士商艾伯維藥品有限公司亞洲區處長　吳碧芬

外商藥界一向是男性當家，從藥廠基層做起的吳碧芬，從「以病人為中心」的核心價值出發，勇敢挑戰不可能的任務，帶出了臺灣藥品市場最強的大黑馬，證明了女性主帥領軍，也能打出一片江山。

撰文／謝其濬

採訪前夕，艾伯維亞洲區處長吳碧芬才風塵僕僕返臺，跟臺灣分公司的同仁開座談會交流對職涯的想法，採訪結束後，她就得帶著已經打包好的行李，直奔機場，飛往韓國視察，這是吳碧芬的職場日常。

二〇一二年從亞培公司西藥事業部獨立出來的艾伯維（AbbVie），二〇一三年才正式在紐約掛牌上市，艾伯維臺灣分公司在吳碧芬掌舵下，短短三年，在業績上就繳出了亮麗的成績單，還陸續拿下多個國家生技醫療品質獎、臺北市幸福企業、臺灣最佳雇主等，在二〇一六年二月，獲總部拔擢為艾伯維亞洲區處長，掌管亞洲十幾個國家，是臺灣藥界高階女性經理人擔任亞洲區最高主管的第一人。

從小護士到藥界卓絕「女力」的學習之路

外商藥廠一向是男性經理人的天下，沒有出國喝過洋墨水、從藥廠基層做起的吳碧芬，如何發揮創新精神，帶領著團隊，為年輕的「艾伯維」打響知名度，創造出「女力」的典範呢？五年級後段班、英文名字是 Peggy 的吳碧芬是桃園人，在

攝影 / 林衍億

機會來時年輕人千萬勿瞻前顧後，應該以「該怎麼做才能得到機會」為首要目標。

家排行老么，上頭有兩個哥哥、兩個姊姊。「小名叫黑貓，是我每天都跟哥哥爬樹、打架，臉上永遠都黑嘛嘛」，「每天必演的戲碼，就是阿嬤拿竹子追著我，要把在公園流浪的我趕回家」。「或許是因為爸媽的期待，都交給哥哥、姊姊去承擔了，所以對我沒什麼要求，給了我自由發展的空間。」吳碧芬笑道。

吳碧芬國中時成績中上，沒考上第一志願武陵高中。因為最好的朋友想考護校，就跟著來臺北念康寧護校。她透露，住校第一個星期，每天都躲在棉被裡哭，但是她沒有打電話回家，「因為那是自己選擇的。」

進入護校後，吳碧芬相當如魚得水，除了每學期都拿第一名，還是學校田徑與拔河校隊，而且辦話劇公演演瓊瑤小說裡的人物，可以說是校內的風雲人物，收到不少學妹仰慕的信與手做禮物。三年級參加全國技藝競賽得到第一名，直接保送國立臺北護專。就在護校三年級臨床實習那年，發生過一件事，對吳碧芬的人生與職涯產生了很深的影響。

當時，她在北市某市立醫院實習，照顧一位肝癌末期的病人。當天早上，吳碧芬還跟病人有說有笑，突然之間，病人情況惡化，不但失去意識，而且還大出血。吳碧芬趕緊通知醫師來急救，然而對方看了看就說：「這個沒救了。」吳碧芬不死心，還是一直請醫師趕緊救他，醫師冷冷地說：「好啊，如果你簽同意書，往後照顧他一輩子，我就救他。眼見病人面臨生死關頭，吳碧芬發現自己只能哭，什麼都做不了，後來病人就往生了。「當下我覺得，如果只是當一個小小護士，力量實在太微弱了，我想要幫助更多的人。」吳碧芬強調。

從護校到護專，吳碧芬的學業表現都不錯，她在護專時，擔任辯論社的社長，常常南征北討的與全國各大專院校辯論，跟各大學的辯論高手交手後，她覺得自己程度並不差，為了向別人證明自己的實力，便參加插大考試考上了臺北醫學大學藥學系。

就讀護專時，吳碧芬對藥學就很感興趣，別人記不起來如外星語的藥名與無法理解的藥物機轉，對她而言都是迷人的知識。所以進入北醫大後，對於藥學系的課程，她充滿了學習的熱忱，更棒的是可以雙修中西醫藥。她印象最深刻的，是在北醫大修中藥課程，常常扮演採花（草）大盜，收集大自然的草藥，日後她每次到郊外，遇見了各種野花野草，總忍不住多瞧幾眼，看看是否有她學過的藥用植物，甚至驕傲的即興扮演起解說員。在北醫大自由的學風下，除了學習藥學，興趣使然，她還兼差的當起廣播節目主持人。從企畫、拉贊助廣告、主持、甚至辦「聽友俱樂部」都一手全包，「這個經驗對我未來進入職場工作有很大幫助。如何找資源、一人多工、維持節目新鮮感，創意與創新是重點，大量的閱讀與旅行，就是從那時開始的」。

在實習中找到適合自己走的路

大三時，學校安排了兩個月的暑期實習，對於她釐清未來的發展方向，很有幫助。

吳碧芬第一個月是在藥廠實習，主要參與生產線與品管的工作，作業模式比較固定而單調，唱了一個月的「有一個女工的故事」，她便瞭解喜歡與人互動的自己並不適合這類型的工作。

第二個月，她前往醫院實習，前兩個星期是面對病人，進行給藥與衛教服務；後兩個星期，則轉入病房，見習臨床藥師如何與醫生合作，並進而瞭解藥物在臨床上的作用。「我發現，我最喜歡跟病

攝影 / 林衍億

與艾伯維同仁玉山登頂 照片提供 / 吳碧芬

人作衛教了！」吳碧芬透露，她在從事衛教時，特別有熱情，病人也給她很好的回饋，連醫院正職的衛教人員都半開玩笑地說，實習生把病人都寵壞了，以後他們會很有壓力。

透過這些實習經驗，吳碧芬更確信，適性（個性與興趣）而為的選擇很重要，不但會做得開心，而且更容易有出色的表現。

正式踏入製藥業界，可以從吳碧芬大四那一年說起。在學長的介紹下，她進入了禮來藥廠（Eli Lilly and Company）打工，負責藥品查驗登記。吳碧芬對工作向來全心投入，即使是枯燥的藥品查驗登記，她也能處理得有條不紊，只是在她內心深處，還是想從事可以跟人接觸的工作，北醫大畢業後，她就如願考上了禮來的業務代表。

吳碧芬在禮來前後待了十五年，除了最早的藥品查驗登記，還當過業務、行銷、人力資源等不同工作，歷練完整，奠定了她後來可以在職場更上一層樓的基礎。

業務生涯是吳碧芬非常懷念的回憶，從事業務工作，就得站在市場的第一線，面對形形色色的客戶。吳碧芬回憶，有一次，因為公司的政策無法符合客戶期待，她被醫生在大庭廣眾下罵了半小時，丟臉極了，當晚，一邊哭一邊想了一夜可能的新流程與適用的方法，隔天在老闆支持下，與客戶見面並提出解決辦法，不但解決了業績掛蛋的危機，新方法還成為公司標準流程。吳碧芬說，業務代表的經歷，磨練了她更有耐心來尋找機會點突破困境，也讓她學會了對人（客戶）尊重與誠實是解決事情最好的武器。

吳碧芬在禮來，一路當到了泰國分公司的總經理，是第一位臺灣人當上總經理。後來是因為母親的健康問題，她不得不揮別短暫的外派生涯，返回臺灣，正好獵人頭公司主動敲門，於是吳碧芬就在二〇一一年三月，加入了亞培西藥事業處。

我不是賣藥的，我賣的是專業與誠心

作為世界知名的營養品廠商，亞培旗下也有不同的事業體，西藥部門就是其中之一。二〇一二年，當母公司決心將西藥部門獨立出來時，對於當時是西藥部總經理的吳碧芬來說，是機會，也是挑戰。「別人出錢請你當老闆，還是來自一個擁有一百二十五年扎實文化與財務的母公司，這是千載難逢的機會」吳碧芬指出。

首要之務，就是穩住軍心。吳碧芬透過全省走透透的員工見面會方式，和同仁進行溝通，「我要讓他們理解，獨立的目的不是為了被賣掉，而是公司能將更多利潤投入在研發上，新產品研發是藥廠的未來。」、「這將是一個創造歷史的機會，當

完整的歷練，才能奠定職場成就的基礎。

我們退休的時候，我們可以驕傲的告訴孩子，世界知名的艾伯維是我們建立的。」安定內部之後，吳碧芬另一個重大任務，就是讓市場認識「艾伯維」這個新品牌。「為了讓醫界認識並接受艾伯維，公司從成立之初，就不把自己定位為『賣藥的』，而是在『以病人為中心』的企業理念下，跟醫師建立夥伴關係，攜手幫助病人對抗疾病。」吳碧芬指出。

她以艾伯維經營手上治療類風濕性關節炎治療藥物「Humira（復邁）」為例，為了提高類風濕性關節炎病患的診斷，便導入「骨骼肌肉超音波」，應用在輔助醫師診斷病人關節的變化，協助中華民國風濕病醫學會推出「風濕免疫科—骨骼肌肉超音波示範教學」光碟，並結合多家醫院，推動超音波篩檢，持續進行疾病衛教，以期協助病人「治療達標（密切監測病人，並且對藥物治療做出相應調整，直至疾病活動度降到最低的治療策略）」，而 Humira 也成為風濕免疫科醫師心中的第一品牌。

在同仁眼中，吳碧芬是個勇於打破遊戲規則、樂於挑戰不可能的領導者，創下了藥界不少新紀錄。

比方說，艾伯維藥品一款針對早產兒預防呼吸道融合病毒的藥物，曾經因為全球匯率變動，價格被政府砍了兩成，成為全球極低價。在透過協商與溝通過程中，當健保的審核委員除了看到本土科學證據之外，也從第一線照顧這群最迷你的巴掌仙子的醫師說明，瞭解早產兒努力求生過程所面臨的心肺疾病挑戰，以及家庭的身心與經濟壓力，決定將降價額度降低。這個經驗讓吳碧芬深深理解，應在少子化的臺灣，應以病患，尤其是以孩子為中心，提升整體醫療。

艾伯維便積極與早產兒基金會等團體合作，自二〇一二年起推動「守護小腳丫」系列活動，包括了早產兒照片的徵選，舉辦攝影展並巡迴於立法院、全臺各大醫院，並在臺灣首度舉辦「世界早產兒日」活動，提升早產兒以其家庭的能見度，並為照顧早產兒醫療團隊與家庭加油打氣。吳碧芬說，期盼透過「以病人為中心」的核心價值，與醫界、病友、學會共創三贏的局面，若政府能積極投資孩子，就可提升整體孩童醫療品質，成為最前瞻的投資。

另外，吳碧芬也總是會卯足全力，讓臺灣能引進最好的產品和解決方案。像她為了爭取C型肝炎全口服藥物在臺灣進行臨床實驗，不斷跟總部溝通，甚至一口氣帶了八位同事，飛到芝加哥總部去簡報，獲得了艾伯維研發高層認同，並投資六個C肝臨床實驗在臺灣進行。產品上市前，吳碧芬也主動出擊，積極拜訪各大醫院、學會，甚至還帶隊陪同國內的肝臟專家，前往參加在舊金山舉辦的「美國肝病研究學會年會」，這也是藥界罕見的創舉。永遠從病人的角度去思考。

在吳碧芬的掌舵下，艾伯維臺灣分公司在三年之間，業績和團隊人數都倍增，在臺灣製藥市場排名，也從最初的第十九名，逐漸朝前十大進逼，媒體形容是「最具爆發力的中型藥廠」。

二〇一六年接下艾伯維亞洲區最高主管一職，讓吳碧芬的職涯舞臺更加寬闊，除了帶領臺灣分公司的表現優異之外，勇於跟世界接軌，應該也是她獲得青睞的原因之一。

吳碧芬透露，她在禮來擔任產品經理人時，業務窗口就是總部，對於外國人做事的方式本來就不陌生，加上她曾經短暫外派到禮來總部，待了三個月，親身體驗國際企業重視獨立作業、多元文化的風格，因為有了這些經歷，對於她現在外派在新加坡工作，有很大的加分。

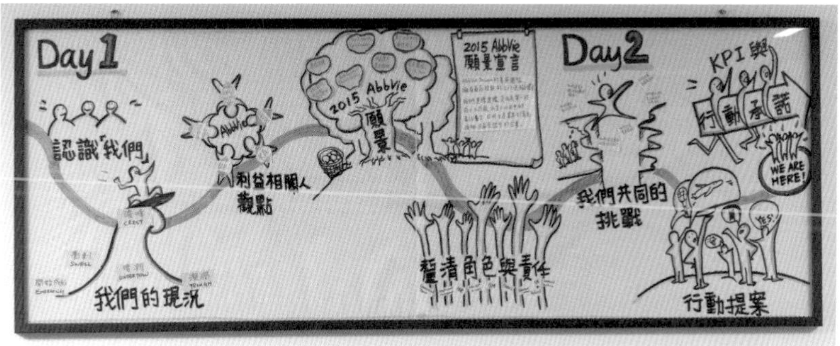

AbbVie 剛成立時，所有一二級主管一起發想的願景藍圖與宣言。攝影 / 林衍億

「我現在的工作環境中，共事的同仁就是來自四面八方，講的英文也是南腔北調。」吳碧芬指出，不管團隊的組成再如何多元，「尊重」是不變的原則。

比較臺灣和其他國家的年輕人，吳碧芬直言，臺灣年輕人夠聰明與靈活，但相對的積極度不夠，就是當機會來臨時，容易前瞻後顧、猶豫不決絕，相形之下，其他國家的年輕人，首先考慮的則是「該怎麼做才能得到機會」，會為了爭取機會而全力以赴。

「外派，其實是沒有回頭路。」吳碧芬強調，有機會外派，代表更上一層樓，所以只能繼續向前衝刺，如果沒有強烈的企圖心，在競爭激烈的國際舞臺上，就很容易陣亡。

在男性當家居多的製藥產業中，吳碧芬憑著創新的思維，證明了女性主帥領軍，也能打出一

攝影／林衍億

片江山。

打破藥廠就是「賣藥」的刻板印象，從協助醫師照顧病人的第三方切入，吳碧芬認為，艾伯維「以病人為中心」的作法，是一個對的方向，也是藥廠必須走的路。「從事這一行，我們永遠要從病人的角度去思考，如何讓他們獲得最好的照顧。」吳碧芬語重心長地說：「畢竟，我們自己，或是家人，有一天都可能成為病人。」

「小黑貓已經變為臺灣黑貓姐了」吳碧芬笑著說。「上市C型肝炎全口服藥物在臺灣，對我有另一層特殊的意義。當年那個只能在肝癌末期病逝的病人床旁哭泣的高中小女生，終於能如願的幫助更多的病人了。」吳碧芬說。當年在醫院實習時，看著病人猝逝而感到無能為力的吳碧芬，把缺憾化為能量，期許能以扮演「New Pharma Leader」的角色，幫助更多病友重拾健康，一如初心。

看見問題進而溝通與解決，
不墨守成規且勇於接受挑戰，
是領導者最佳的風範。

《關鍵領導九十天 *The first 90 days*》Michael Watkins

推薦原因|

不論是進入新公司，或是換到新的職務上，該如何在前九十天奠定成功的關鍵？本書提出了很多實用的建議。

內容簡介|

據研究，新任經理人在任新職的頭三個月，其表現會左右個人成敗。本書便是為從初掌管理職務，到擔任執行長在內的各級新領導人而寫，是面對新工作、新任務時，關鍵九十天的實戰操作手冊。

吳碧芬的書房祕境

《逆風飛颺》 吳士宏

推薦原因|

當初會看這本書，是因為朋友說作者跟我很像。本書刻畫了女性高階經理人的心路歷程，讓我非常有共鳴，適合給想要在職場熱情打拚的人。

內容簡介|

描述一位中國大陸女性，從自修英文、進入IBM從基層做起，最後當上微軟中國公司的總經理的奮鬥故事。

《道德經》 老子

推薦原因|

閱讀《道德經》，瞭解自然宇宙的運行，順天意做事，逆本性做人，就可以學習如何在職場上當一個快樂的人與主管。

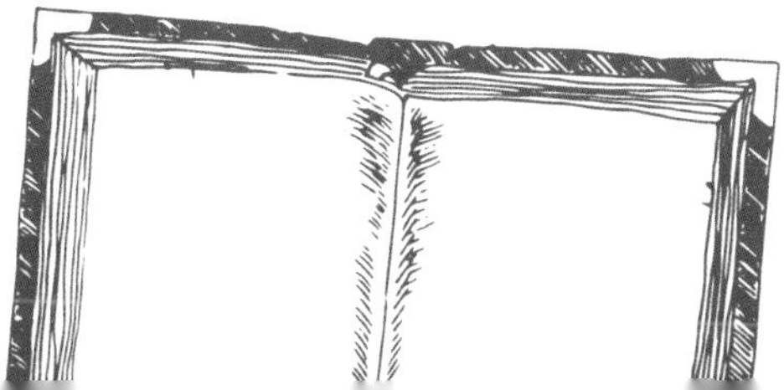

照片提供 / 邱建誌

在穩健中求變　成功轉型百年藥廠

台灣百靈佳殷格翰股份有限公司總經理　邱建誌

邱建誌從基層業務開始做起，在第一家公司待了十五、六年，累積了豐富的行銷經驗之後，他加入老牌德商藥廠百靈佳殷格翰，從企業文化到行銷策略都展開變革，成功喚醒睡獅，打造出近年臺灣成長最快的藥廠。

撰文／謝其濬

全球前二十大藥廠中，從德國萊茵河畔的殷格翰（Ingelheim）小鎮發跡、有百年歷史的百靈佳殷格翰（簡稱百靈佳），外界看來總有一層神祕的面紗。

作風低調、企業不上市，不必因股東壓力或外在因素貿然改變經營理念，在燒錢很兇、常須對外募資的製藥業來說，稱得上是異數。

台灣百靈佳成立超過四十年，也算是臺灣老牌的外商藥廠，長期專注在心血管、呼吸道領域，而正因為是「老字號」，所以也出現了老企業常見的通病：在過去有一段將近十年裡幾乎沒有新產品，長期業績平平，在業界幾乎沒有能見度。

然而，從二〇一二年起，台灣百靈佳在

照片提供 / Pixabay 591360

業界驟然異軍突起，繳出每年成長兩成的優秀成績，不但堪稱國內近年來成長最快速的藥廠，更是該集團全球一百四十六家分公司中的明日之星。

而喚醒藥廠睡獅的關鍵人物，就是台灣百靈佳現任總經理邱建誌。外型斯文的他，是藥界經驗老到的行銷高手，儘管二〇一〇年才加入台灣百靈佳，從行銷策略到企業文化，邱建誌所推動的一連串改革，使得台灣百靈佳從此煥然一新，不但為這家老字號藥廠注入「創新」，更重拾活力。

「我是個喜歡改變的人，而台灣百靈佳正好提供了這樣的舞臺。」邱建誌如是說。

從小學會察言觀色

邱建誌的家中有五個兄弟姊妹，他排行老么。他自我分析：可能是因為從小懂得看人臉色，自然就比較機靈。再加上家裡後來做生意，他也要幫忙，在這樣的訓練及耳濡目染下成長的他，非要懂得察言觀色不可。

高中畢業時，邱建誌對於未來要念什麼科系，並沒有具體的想法，因此填大學志願時，就比照著前一年的分數排行去填寫，會進入臺北醫學大學藥學系就讀，純粹就是因為分數的「落點」。

「我是個比較『慢熱』的人，在進入一個新環境時，通常都要花一段時間來適應。」邱建誌坦承從大一上到大二上學期，他都有科目被當，但後來成績開始有了起色，甚至還成了負責抄筆記的「筆記組」。是什麼原因使他改變，邱建誌說他已經想不起來了，「大概是開始有了榮譽感吧！」他打趣道。

一般人認為社團是大學生的必修學分，邱建誌在這部分卻是付之闕如。他解釋，由於老家在桃園，因此平日住宿舍，週末、假日一定會回家，沒有什麼時間、興致參與社團活動。除了課堂之外，他的另一個主要的活動是當家教，平日在臺北教，週末回桃園教，多數家教學生經過他的輔導後，成績都突飛猛進，從班上的後段躍升到了前段，看著自己所教的學生成績進步，讓他頗為自豪、充滿成就感。

摸索生涯的方向

踏入職場之前，邱建誌也曾經試著摸索生涯的方向。

按照藥學系的慣例，大三升大四的暑假會安排去醫院、藥廠實習，邱建誌分別到醫院幫忙調劑，以及在藥廠負責品管。雖然工作性質不盡相同，但無論是醫院或藥廠的工作，都讓邱建誌覺得單調無聊。邱建誌不斷嘗試與尋找方向，大四時，他還特別去修一門藥學研究的課，想瞭解自己是否適合研究性質的工作，但結果仍是興趣缺缺。

邱建誌服兵役的時候，是在軍醫院藥局擔任藥師，工作內容除了配藥就是叮囑病人服藥，雖然很輕鬆，但是太過乏味，而且在校所學的也完全派不上用場。

雖然不喜歡藥師工作，退伍後，邱建誌為了方便準備考研究所，又進了馬偕醫院當藥師，很順利地一年後就考上了陽明大學藥理學研究所，計畫念完碩士後，就進藥廠當業務。

他的第一份工作是在 ICI 化工集團，旗下產品涵蓋了各項化工、農藥及西藥產品，邱建誌是在西藥部門 Zenaca 當業務，是該部門的第一個碩士。

邱建誌主跑醫院通路，比較不需要做陌生拜訪，他的工作重點聚焦於服務醫生，維持彼此良好關係。邱建誌說：「在醫師心中，各家業務代表有其不同的定位。」像他一副讀書人的樣子，醫生就會找他幫忙查文獻，這對於才剛從研究所畢業進入職場的他，此類性質的服務，可以說是駕輕就熟、勝任有餘。不過，也有少數醫生完全不要服務，只要業務代表把產品介紹清楚即可。

「做業務工作，就是要會察顏觀色。」邱建誌強調，懂得看人臉色再說話，才不會誤踩地雷。像他從小家裡就做生意，早就習慣跟人打交道，因此表現還不錯，公司看他是可造之材，沒多久就將他

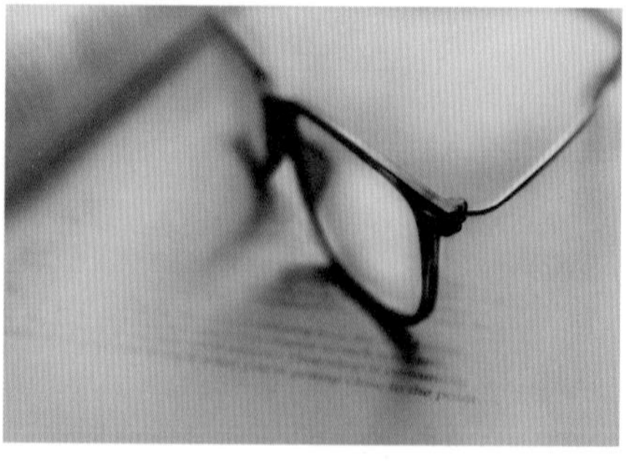

照片提供 / James Sutton - Unsplash

把基本功練紮實，瞭解自己，鍛練強項，當機會叩門，自然能夠乘勢而起。

晉升為產品經理，做了四、五年後，再提拔為行銷經理。

「業務的工作主要是推銷產品，產品經理則要具備對產品及市場的整體瞭解，挖掘市場的機會點，找出還可以進一步被醫生、病人使用的可能性；到了行銷經理的階段，則要擬定整體行銷策略，協調各部門進攻市場。」邱建誌指出，他在當行銷經理時，除了要帶人之外，由於要管很多不同的產品，也因此同時拓展了不同疾病的治療相關知識。

舊藥新賣，擴大市場

邱建誌自認在AstraZeneca時期，升遷算是相當順遂，除了業績都能達標之外，總是要求自己「多做一點」，這應該也是他受賞識的原因之一。

他解釋，所謂「多做一點」，就是在處理問題時，會幫公司想更多的解決方案。例如當他面對業績的問題時，除了確保新產品成功上市外，也會想辦法協助已經成熟的舊產品擴大市場、延續產品生命的週期。

在他擔任銷售的工作期間，負責規劃及執行許多新產品的上市，如麻醉藥Diprivan、乳癌用藥Arimidex、肺癌用藥Iressa、血脂用藥Crestor……，精準的投資、縝密的布局及高完成的執行力，都是這些藥物成功上市的關鍵。而在邱建誌的運籌帷幄下，每個產品在臺灣的市占率，幾乎都比在其他國家表現得要好，甚至還有四個產品躋身臺灣前二十大，成績相當亮眼。

以老產品來說，邱建誌舉例，公司原本有一款降血壓的藥，病人以老年人為主，已經賣了十幾年，一直是賣高劑量，他偶然發現日本是賣低劑量，便做了研究，並且跟醫師討論，發現低劑量比較不會有手腳冰冷、循環變差的副作用，對老年人其實會更好，於是也推出低劑量的規格，讓同一款商品帶來更多的銷售機會。

邱建誌直言，他當行銷經理時，常有產品經理跑來抱怨，為什麼一直都做舊產品？他說：「藥界不像其他產業，一年有一到兩個新產品就已經很了不起了，大部分的時候還是在賣舊產品。」邱建誌接著強調說：「事實證明，即使是同樣的人，賣同樣的產品，只要策略對、方向對，也能幫助公司成長。」

邱建誌在 Astra Zeneca 待了十五、六年，一路做到事業部門的最高主管，不過，隨著自己的生涯規劃，加上公司內部又有一些人事變化，最後他主動遞辭呈，選擇離開。

照片提供／邱建誌

新里程碑的開展，為舊產品找策略、方向

二〇一〇年，透過了獵人頭公司，邱建誌接下了台灣百靈佳行銷部門主管一職。

他坦言，之前對這家公司的印象就是低調、在業界聲量小，而且產品很老。後來做了點研究，才發現台灣百靈佳旗下的產品很多，雖然不少類型跟他在前東家所管的產品線相近，但仍有一些新產品是他沒有接觸過的領域，應該會有發揮的空間。

台灣百靈佳當時在行銷上缺乏聚焦，沒有主攻的產品，在邱建誌上任前的做法就是將產品全部攤給市場，客戶要什麼就給什麼，業績一直難有突破，而老闆給邱建誌的任務，就是為公司兩大主力產品（心血管、呼吸道）的行銷策略，找出明確的方向。

像其中一款產品，本來有高劑量和低劑量兩種規格，市場的主力是低劑量，但由於公司的臨床實驗發現高劑量的整體成效較好，便要轉而主推高劑量。然而業務卻不願意轉換，理由是高劑量雖然劑量加倍，但是價格並沒有加倍，而醫生進了高劑量的藥，可能又剝成一半給病人，降低進藥成本，業績會因此受到影響。

懂得「多做一點」，各型方案就會如泉源湧現，助公司延續銷售壽命。

為了解決僵局，邱建誌便跟業務同仁溝通，改成高劑量，或許短期間業績會掉下來，但是從長期來看，如果能夠給醫生更強的信心，會有機會爭取到更多的新病人，他以自己過去的經驗打包票，說服他們接受他的作法，後來果真如他所言，整體業績曲線圖是往上走的。

還有一款呼吸道的噴霧器，公司推出新的裝置，對病人效果很好，但是成本比舊款高出很多，邱建誌便根據醫院特性，分成不同市場，以不同時間長短，慢慢進行轉換。後來他去德國總部受訓時，「當總部才要開始討論各分公司該如何轉換時，其實我早就已經完成轉換了。」

邱建誌觀察，臺灣的員工不習慣太過急遽的改變，身為空降的新主管，邱建誌不論是在企業文化或行銷策略的變革上，都不會要求員工立刻改變，而是訂出方向，採循序漸進的策略，最後都能達成目標。

打造成臺灣成長最快的藥廠

邱建誌加入台灣百靈佳之前，公司已經好多年未達到業績目標，在他推動變革後，業績不但開始達標，進而迅速攀升，隨著新產品上市，更有兩成的成長，有漂亮的成績單作後盾，公司便提拔他接班。

從二○一二年起，分兩階段，每階段半年，邱建誌前往德國總部接受「接班人培訓」，主要的工作內容是到各分公司從事內部稽核，藉此快速了解企業運作的流程跟每個經營細節，對於業務出身的他，助益良多，他也因此認識各市場的主要經營者，建立了一些內部人脈。在培訓結束後，他就接下了台灣分公司總經理一職。

邱建誌上任後，發現員工的穩定度高，幾乎沒什麼流動並且雖然工作上會互相幫忙，但是一

照片提供／邱建誌

旦出了狀況，責任歸屬往往也會不清楚。於是他開始要求「當責」，將每個人的權責定位清楚，落實績效導向，對於表現不好的員工，則強迫提出績效改善計畫，如果連續兩次業績都是最後百分之五，又持續無法改善就有可能必須離開。

過去藥廠大致有業務、行銷、學術等單位，各部門各自追求目標，但是也容易形成「筒倉文化」，雖然每個部門都努力做好自己的事，最後的結果卻不如預期。邱建誌為了打破藩籬，改以產品為分類，同一個產品就是同一個單位，共用同樣的管理指標。

「過去不同部門的人，辦公室位置不在一起，平時不容易看到彼此，也缺乏溝通，像是業務人員會抱怨行銷人員未經告知，就去找客戶，造成他們的困擾。」邱建誌指出溝通的重要性。因此他把負責同一產品的人，位置安排在一起，真正形成一個團隊。

邱建誌說，很多員工同一位置都已經坐了太久，空間太熟悉，心態也不積極，因此，重新安排辦公室位置，一掃沉沉暮氣，也有除舊布新的意味。

邱建誌自認不喜歡一成不變，即使是年度例行工作，他也鼓勵員工可以提出一些不一樣的作法，穩健中求變的他，將台灣百靈佳打造成全臺成長最快的藥廠，是他職涯的一大代表作。

「其實，我是在進入職場後，才比較清楚自己是個什麼樣的人。」邱建誌笑道。他認為，在求學階段，除了把基本功練扎實，也要好好瞭解自己，鍛練自己的強項，當機會來叩門時，才能夠乘勢而起。

照片提供 / 邱建誌

起而行的改變，是決定企業成功之鑰。

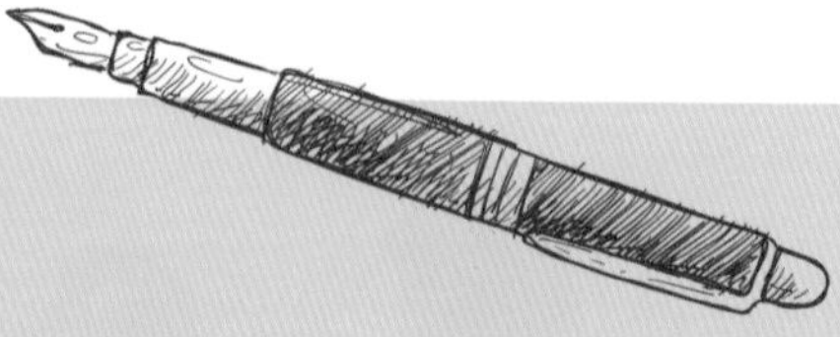

《哈佛教你打造健康人生》

丹尼爾．高曼/等著

內容簡介|

本書以「健康人生」為主題，讀者可從本書學習如何在高度競爭的職場與商業環境中，找出工作與生活上的最佳平衡、拚事業與顧健康的雙贏人生！

邱建誌的書房祕境

推薦原因|

行動是一切的根本，沒有真正展開健康人生的實踐，有再多的知識都沒有差距！運動可促使團隊凝聚，提升企業活力，是企業整體良善的循環。讓我們得以投入更多心力來繼續提升整體企業，幫助同仁該在他領導時成為有效領袖，用開放的環境讓同仁享受工作與不偏廢生活，打造健康人生，繼續透過創新而產生更多價值。

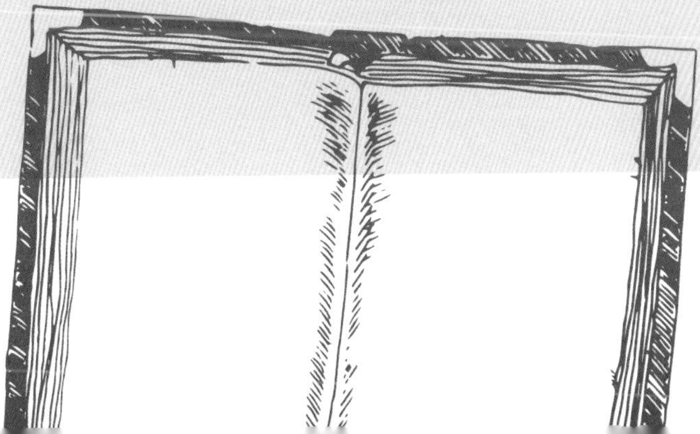

照片提供 / 侯靜蘭

增加藥品可及性 造福亞洲癌症病患

諾華腫瘤亞太與南非區域負責人 侯靜蘭

侯靜蘭來自軍人家庭，深受父親的薰陶，個性積極向上，憑藉著不斷的努力與學習，從諾華腫瘤事業部臺灣區總經理，至今躋身為諾華製藥集團首位女性亞洲區總經理。讓患者獲得最好的醫療藥物，是她不變的初衷。

撰文／謝其濬

八月初，諾華腫瘤事業部亞太區總經理侯靜蘭返臺渡假兩個星期。平時為了工作馬不停蹄的她，難得有此空檔，還跟念大學的女兒跑去做了彩繪指甲，搭配一身俏麗的碎花連身洋裝，整個人顯得神清氣爽。第一眼看上去，很難將她跟外商藥廠的高階主管聯想在一起。

不過，一提到今年（二〇一七年）二月甫接下的新職務，她的眼神立刻變得犀利起來。清晰敏捷的思緒，加上積極正面的態度，難怪能夠從諾華腫瘤事業部臺灣區總經理，成為諾華製藥集團首位女性亞洲區總經理。目前，她是亞洲女性擔任該集團最高職務的第一人。

根據美國《製藥經理人（Pharm Exec）》最新的年度全球藥企排名，諾華是世界第二大集團，企業內人才濟濟，競爭激烈可想而知。諾華腫瘤事業部亞太區總經理，更是許多跨國菁英極力爭取的職位，而來自臺灣、沒有留學經歷的侯靜蘭，為什麼能夠脫穎而出，改寫諾華集團女性高階主管的紀錄？

照片提供／侯靜蘭

讀書不忘遊樂，
是平衡身心的法門。

在父愛中長大

在腫瘤治療領域赫赫有名的侯靜蘭，五年級生的她，言談間流露出巾幗不讓鬚眉的自信和帥氣，這與她來自軍人家庭的背景有關。

侯靜蘭的父親是湖北人，曾在中正理工學院（現為國防大學理工學院）任教。雖然任職的學校在桃園，為了讓孩子有較佳的教育環境，他還是舉家搬到臺北，然後每天早上搭六點半的交通車到桃園上班。

「因為父親經歷過戰亂，他對兒女的教育非常重視，平時用錢很節省，然而，只要是我們的教育經費，他絕不吝嗇。」侯靜蘭透露，從小學開始，父親會跟老師保持聯繫，舉凡老師推薦的書籍和課程，他都會傾力支持。

侯靜蘭和父親感情很好，她回憶說：「念書的時候，我常常起個大早，就是為了可以跟父親一起出門。」她難忘晨光中父女並肩走一小段路的情景，那畫面至今在她腦海中仍十分鮮明。

家中有三個小孩，侯靜蘭排行老大，從小功課就很好，她從金華中學、北一女，一路念到北醫大，可以說是「品學兼優」的典範。父親原本期待她當老師，然而，她會走上醫藥這條路，卻是跟母親有關。

原來，侯靜蘭念高中時母親身體不好，經常住院。她因為陪伴母親，在醫院裡看了不少人生百態，便立下「提升醫療水平，造福患者」的自我期許，本來想念醫學系，後來因為聯考的關係，進入了藥學系就讀。畢業後，她進入一流外商藥廠工作，有機會接觸到最尖端的醫藥發展，幫助更多的病人獲得更好的治療，從一種更大的格局，完成了心願。

大學必修三大學分，全部達標

侯靜蘭具有典型的處女座性格：目標導向，執行力強。大學必修的三大學分：課業、社團、愛情，她在四年內，全都達標。

在課業上，侯靜蘭以其一貫認真求知的態度，每次上課都坐在第一排，積極參與筆記組，因此在系裡一直名列前茅。大學畢業後，同時被北醫大和臺大藥學研究所錄取，為了開拓不同的視野，她選擇了後者。

在社團方面，侯靜蘭剛進北醫大時，就把「參加社團」列入充實大學生活的必做清單中。喜歡唱歌的她，在小學和中學時，一直是合唱團的基本成員，高中時代因為聯考壓力而中斷，直到就讀北醫大才又加入「杏聲」合唱團，重拾舊好。此外，她還參加園藝社，以及服務隊，遠赴偏鄉，為當地學童提供幫助。不但大學生活變得多采多姿，也結交了不少好朋友。

除了課業和社團之外，侯靜蘭也在北醫大遇到了她終生的伴侶。先生和她是班對，相較於先生在大學時的活潑外向，侯靜蘭形容學生時代的自己比較內向，因為受到家庭的影響，她原本計畫未來只要當個賢妻良母，為此，她課業和社團活動之餘，還特地去上烹飪班。但是，後來因為先生的支持和鼓勵，她不僅擁有美滿幸福的家庭，在職涯發展上，也能有傲人的成就。

升大四的暑假，侯靜蘭分別去了醫院和藥廠實習，因此找到了自己的發展方向。相對於醫院和藥廠工作內容和流程的高度穩定性，她因此體認：「我的個性還是比較喜歡跟不同的人接觸，和接受不同的挑戰。」侯靜蘭透露，正是經歷了實習，她決定畢業後要進外商藥廠工作，只是後來會開展成今天的格局，卻遠遠超出了她當年的想像。

爭取臨床實驗在地進行

取得碩士學位後，侯靜蘭在學姊的引薦下，進入藥業服務，在一家跨國藥品經銷商任職。一年後，她隨同主管轉赴惠氏藥廠參與行銷工作。後來，因緣際會，加入諾華的前身「山德士」（山德士和汽巴嘉基在一九九六年合併為諾華），並在移植用藥部門，歷練行銷經理與業務經理職務，最終因為具備業務、行銷、原廠和代理等完整的資歷，獲得總部肯定，接掌諾華移植用藥處處長一職。

當時，臺灣醫師在移植手術方面已經十分先進，只是國內器官捐贈的風氣還不盛行，病人往往必須苦等適合移植的器官。因此，諾華與病友團體、醫療學者和政府單位合作，成立器官捐贈協會，並結合民間組織和宗教公益團體，每年舉辦許多活動，向民眾宣導器官捐贈的理念，對於器捐風氣的提升，發揮了相當程度的作用。

由於侯靜蘭在移植用藥領域的出色表現，二〇〇七年公司決定將她調到腫瘤事業部門。除了治療領域變得更寬廣先進，團隊人數變得更多，當然挑戰性也大幅提高。

照片提供／侯靜蘭

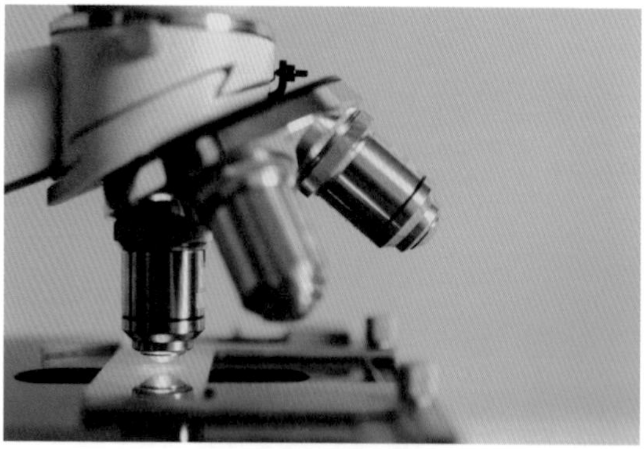

照片提供 / kkolosov

在接掌腫瘤事業部門後，侯靜蘭將引進新藥視為首要的任務。當時，新藥通常是在歐美進行人體臨床實驗，獲得核可後才在臺灣申請上市。她想，若是能爭取新藥臨床實驗在臺灣進行，可以創造很多效益。除了可以加速新藥在臺上市的時程，讓臺灣的病人有機會更快的接受最新藥物治療，也有助於增加臺灣從事跨國臨床實驗的經驗，提升國際能見度。現在她接掌腫瘤事業部亞太區總經理，除了臺灣之外，也為亞洲相關國家，爭取臨床實驗在地進行，除了增加亞洲病患在新藥上的可近性之外，也希望找到更符合當地病患需求的治療藥物。

侯靜蘭舉例，像歐美乳癌病患七成是停經後婦女，因此諾華有一款乳癌用藥，主要就是針對歐美市場所研發，然而亞洲女性則因為種種原因，乳癌病患有相當的比例是發生在停經前婦女，由於諾華在亞洲已經建制了臨床實驗的平臺，因此當臺灣諾華與腫瘤醫師們向總部提出要求，要為停經前患者研發治療機制，立即獲得總部的支持，並且緊鑼密鼓地投入相關資源，希望盡快上市，以嘉惠停經前的乳癌患者。

尊重與帶心，
是讓領導團隊合作無間的價值核心。

培養市場敏感度

「樂在工作、樂在學習」是侯靜蘭的座右銘，她說自己每天早上，都是興高采烈去上班的。為了善用時間，她還常常利用通勤或者拜訪客戶的行程中，思考和規劃短期和長期的策略藍圖。

「我工作的習慣，就是事先把長期的目標、方向，先規劃出來，隨著時間的接近，再按部就班地去執行。」侯靜蘭透露。

她自認還有個優勢，就是市場敏銳度。但是，這項本領卻是苦練出來的。侯靜蘭坦言，進入藥界是從行銷工作開始做起，剛開始為了彌補業務經驗的不足，她除了會跟同行保持聯繫，掌握市場動態，也常常跟著業務去各個通路做協同拜訪，甚至還學習銷售技巧和進修領導統御能力。因此，即使她在擔任業務經理和更高職務時，總是把「拜訪客戶」視為第一要務，因此能精準地了解客戶需求、掌握市場脈動，對於如何帶領團隊、調動資源、開拓市場，自是了然於胸。

在領導風格上，侯靜蘭不走強硬路線，而是強調每位員工都是獨一無二，因此管理方式也應該根據每個人的特質去量身打造。「每次帶一個新團隊，我會花很多時間先去聆聽，不驟下結論。因為如果不這麼做，就聽不進去對方的聲音，員工和團隊的潛能就不能被發揮出來。」她指出展示溝通誠意的同時，也需要適度展現自己的專業，爭取同仁肯定與信服，慢慢地形成一個具備目標共識和戰鬥力的團隊。

也因此，有潛力的員工在平時就會獲得許多發展的機會，一旦組織需要調整時，就不擔心無將可用。她相信，持續提升員工能力，讓機會變多，逐步汰弱留強，團隊就能達到她想要的水準。

隻身中國打天下

二〇一二年五月，侯靜蘭接掌諾華腫瘤事業部的中國區總經理，到職的第一年，她就締造百分之三十以上的高成長，之後一直維持高於市場平均水準的成長率。二〇一六年底，她離開中國時，業績已經成長了近三倍，為諾華腫瘤事業在中國大陸打下穩固的基礎。

侯靜蘭不諱言，中國市場大，員工和客戶（醫師）的人數也很龐大，光是記住每個人的名字，就不是件容易的事，如何在這麼陌生又繁雜的環境下迅速進入狀況，是一大挑戰。

她的第一步還是先從瞭解市場做起，詢問旗下各地區的經理，平時是如何開拓市場、該地區有多少家醫院、每家醫院有多少患者、多少位血液科醫師、市場

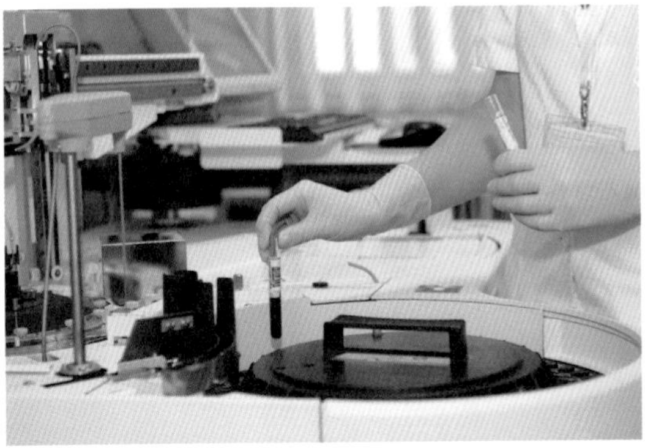

照片提供 / DarkoStojanovic

潛力在哪裡。透過一連串的數字，她才足以掌握整個市場的輪廓，判斷相關同仁在該地區用心經營的程度，不必擔心會與市場脫節。

為了要深入市場，侯靜蘭經常參加各種大小醫學會議，連假日也不得閒。藉由參加相關活動，和醫師充分交流，進而了解客戶在病患治療上的需求，以強化諾華對醫療系統的支持。對於團隊來說，侯靜蘭經常參加各種大小醫學會議，也具有宣示作用。「我希望讓同仁知道，總經理不只是坐在辦公室下指令，也能站出來跟大家一起並肩作戰。」侯靜蘭強調著說。

此外，在中國，藥品如果沒有被列入醫療保險全國藥品目錄，一般民眾就必須付出高昂的費用，才能有機會使用。但是，當時諾華的腫瘤治療藥品很多都不在全國醫保之內，包括諾華推出的全球第一個標靶藥物 Glivec，就不在全國醫保用藥之列。侯靜蘭設定目標，要設法把 Glivec 列入醫保目錄中。因此，她花了很多時間了解中國大陸的醫保制度，對於諾華布局中國市場幫助很大，這也是業績能夠順利成長的重要原因。

掌管亞洲十三個國家

二〇一七年初接任了集團腫瘤事業部亞太區總經理，掌管除了中國、日本、澳洲以外的亞洲地區十三個國家。由於每個市場的醫療制度和國情文化差異很大，難度比起中國市場，更是有過之而無不及。

侯靜蘭舉例說，藥品價格跟當地的醫療保險制度有關，而每個國家制度都不盡相同。臺灣和韓國是全民健保，印度和菲律賓是全部自費，至於香港、新加坡、泰國和馬來西亞等國則是部分健保、部分自費。如何根據每個市場的狀況，去訂定最適合的產品價格策略，讓亞洲各國的病患都能獲得良好的藥物治療，就考驗著領導者的智慧。為此，除了短期目標的業績達成，她更側重於中、長期的規劃，包括了爭取臨床實驗在

照片提供／侯靜蘭

地化、建立各地分子檢測機制、創新的藥品可及性模式、與公益慈善團體合作患者援助項目、提供醫事人員學術教育與研究發展的相關支持等等。她認為，只有真心為病患著想，改善他們的生活品質，延長壽命，才能營造出藥業、醫師與病友「三贏」的共好境界。

超過二十五年的工作經驗，一路走來，侯靜蘭的「增加藥品可及性以造福病患」初衷，始終沒有改變。外派至今，侯靜蘭自認眼界大開，收穫很多。雖然辛苦，但是看到自己的努力，能真正幫助到需要醫療治療的病患，一切的付出，都得到了回報。她鼓勵年輕世代，不要被自己的科系限制，可以多方涉獵。唯有不斷學習，提高視野，擴大格局，才能成就自我實現的目標。

學習業務經驗，掌握市場動態，
即使沒有當過第一線的業務，
也知道如何帶領團隊去做生意。

《挺身而進》

雪柔・桑德伯格（Sheryl Sandberg）

推薦原因|

對於女性如何結合事業成就與自我實現，作者提供了具體的建議，同為女性高階經理人，讀起來非常有共鳴。

內容簡介|

作者是臉書營運長，根據她一路觀察、體驗到的職場問題，點出關鍵應對心態，同時旁徵博引扎實的研究資料，釐清職場女性在生活與各種選擇中所面臨的層層迷霧和偏誤。

侯靜蘭的書房祕境

Education 003

創新 轉動臺灣生技的奇蹟：北醫藥學系締造全球生技千億商機的故事

作　　　　者　方含識、謝其濬

社長兼總編輯　馮季眉
副　總　編　輯　吳令葳
主　　　　編　洪　絹
特　約　編　輯　莊文松、周秀青
封面及美術設計　潘　澄
行　銷　企　劃　蔡孟庭

出　　　　版　字畝文化創意有限公司
發　　　　行　遠足文化事業股份有限公司
地址：231 新北市新店區民權路 108-2 號 9 樓
電話：(02) 2218-1417　傳真：(02) 8667-1065
電子信箱：service@bookrep.com.tw
網　　址：www.bookrep.com.tw
郵撥帳號：19504465 遠足文化事業股份有限公司
客服專線：0800-221029

讀書共和國出版集團
社　　　　長　郭重興
發行人兼出版總監　曾大福
執行副總經理　李雪麗
印　務　經　理　黃禮賢
印　　　　務　李孟儒

法　律　顧　問　華洋法律事務所　蘇文生律師
印　　　　製　凱林彩印股份有限公司

2017 年 12 月 6 日 初版一刷　　定價：360 元
ISBN 978-986-95508-5-7　　書號：XBED0003

歡迎團體訂購，另有優惠，請洽業務部 (02) 2218-1417#1124、1126

國家圖書館出版品預行編目（CIP）資料

創新,轉動臺灣生技的奇蹟：北醫藥學系締造全球生技千億商機的故事 / 方含識, 謝其濬作. -- 初版. -- 新北市：字畝文化創意出版：遠足文化發行, 2017.12 面；　公分. --（Education；3）

ISBN 978-986-95508-5-7(平裝)

1. 臺北醫學大學藥學系　2. 人物志　3. 訪談

525.833/101　　106021368